# MEISTER AM GRILL

100 Weltmeister-Rezepte für Gas, Holzkohle und Smoker

# Impressum

Unser Verlagsprogramm finden Sie unter www.christian-verlag.de

Produktmanagement: Annika Genning, Sabine Ammer
Übersetzung der Rezepte von Ted Reader: Peter van Rhee
Rezeptredaktion: Henrike Doerr, Textwelten
Korrektur: Regina Jooß
Layout und Satz: Elke Mader
Umschlaggestaltung: Caroline Daphne Georgiadis, Daphne Design

Herausgeber: Rudolf Jaeger
Idee: Michel Voragen
Text und Rezepte: Rudolf Jaeger, Adi Matzek,
Andreas Rummel, Ted Reader
Texte Fleischkunde: Stephan Otto
Fotografie: Manuela Ruether, http://elaruether.de/
außer S. 16: Rudolf Jaeger; S. 94–95: Studio Leveque, Tanja und
Harry Bischof, Studio Hoisberg;
Grillproduktbilder und technische Details: Napoleon®
Styling: Anja Boeffel

Herstellung: Bettina Schippel
Repro: Repro Ludwig, Zell am See
Druck und Bindung: Printer Trento
Printed in Italy

Die Deutsche Nationalbibliothek verzeichnet diese Publikation in der Deutschen Nationalbibliografie; detaillierte bibliografische Daten sind im Internet über http://dnb.d-nb.de abrufbar.



ISBN 978-3-86244-213-3



Wir danken den Firmen ASA Selection und Eva Solo für die freundliche Unterstützung.

Alle Angaben in diesem Werk wurden vom Herausgeber sorgfältig recherchiert und auf den aktuellen Stand gebracht sowie vom Verlag geprüft. Für die Richtigkeit der Angaben kann jedoch keinerlei Haftung übernommen werden. Für Hinweise und Anregungen sind wir jederzeit dankbar. Bitte richten Sie diese an:

Christian Verlag
Postfach 400209
80702 München
E-Mail: lektorat@verlagshaus.de

# MEISTER AM GRILL

100 Weltmeister-Rezepte für Gas, Holzkohle und Smoker

Rudolf Jaeger
Adi Matzek
Ted Reader
Andreas Rummel

NAPOLEON
GOURMET GRILLS

CHRISTIAN

# Inhalt

# Qualität mit deutschen Wurzeln – Napoleon

Seit über 30 Jahren verschreibt sich das Familienunternehmen Napoleon dem hochwertigen Design von innovativen Produkten, die mehr Wohnkomfort bieten. Im Jahr 1976 gründeten die deutschen Auswanderer Wolfgang und Ingrid Schroeter das Unternehmen Wolf Steel in Kanada. Und sie sind ihrer Philosophie immer treu geblieben.

Wolfgang Schroeter, in Benshausen geboren und in Pforzheim aufgewachsen, arbeitete zunächst als Werkzeugmacher. Dann machte er sich mit der Herstellung von Stahlgeländern selbstständig und gründete einen kleinen Stahlverarbeitungsbetrieb in Barrie, Ontario, Kanada.

Damals konnte noch niemand den unglaublichen Erfolg von Wolf Steel Ltd. und der später folgenden Produkte wie Kamine und Gourmet-Grillgeräte vorhersehen. Vor mehr als 30 Jahren produzierte Schroeter seinen ersten holzbetriebenen Ofen. Das erste Ofenmodell, ein Kaminofen für die Verwendung im Haus, war zweitürig, gefertigt aus solidem Stahl mit einer gusseisernen Tür und wurde auf nur 93 Quadratmetern Produktionsfläche gefertigt. Seither hat die Wolf Steel Ltd. ihre Produkte stets weiterentwickelt und die Qualität in den Vordergrund gestellt.

1981 wurde dann der Name Napoleon für das Unternehmen geboren, unter dem auch das erste Kaminofenmodell mit einer einzelnen Glastür aus hitzebeständiger Pyroceram (Glaskeramik) hergestellt wurde – damals ein Novum in dieser Branche.

Im Laufe der folgenden Jahre wuchs die Nachfrage nach Napoleon-Holzöfen über die Grenzen von Ontario und Kanada hinaus bis in die USA und nach Europa und die Marke Napoleon wurde immer bekannter.

Napoleon ist ein nach ISO 9001:2008 zertifiziertes Unternehmen mit ca. 70 000 Quadratmetern Produktionsfläche und über 700 Mitarbeitern. In Nordamerika ist Napoleon das größte Privatunternehmen zur Herstellung von hochwertigen holz- und gasbetriebenen Kaminen und Öfen (inklusive Einbauversionen), Gourmet-Gas- und Holzkohlegrills, Produkten für den Außenwohnbereich und sogar Wasserfällen für den Wohnbereich.

Die Marke Napoleon zeichnet sich durch Spitzentechnologie aus, steht für grundsolide Leistung, ausgewogenes Design und professionellen Kundendienst. Jeder Napoleon-Gourmet-Grill überzeugt durch seine unvergleichliche Leistung, die immer mehr begeisterte Anhänger findet.

*www.napoleongrills.eu, www.napoleonproducts.com*

NAPOLEON® GOURMET GRILLS

Der Unternehmenssitz in Kanada

# Liebe Grillfreunde,

von einem Trend kann man mittlerweile kaum noch sprechen. Nicht nur an wunderbar sommerlichen Tagen raucht und qualmt es in den Gärten, an den Seen und Flussufern. Die seit Jahrtausenden einfachste und ursprünglichste Nahrungszubereitung hat sich im Prinzip kaum verändert, nur die Gerätschaften wurden unseren heutigen Bedürfnissen angepasst.

Über einem Lagerfeuer lässt es sich immer noch in der ganz archaischen Form grillen. Weitaus vielfältiger, bequemer und auch effizienter bieten jedoch heutige Grillgeräte einen Grillgenuss für wahre Gourmets, die mehr als eine simple Bratwurst mit ihrer Outdoor-Küche zubereiten möchten.

Und hier gibt es nicht nur den einfachen Holzkohlekugelgrill auf dem Markt. Wem es um qualitativ hochwertige Geräte geht, wer sich als Gourmet-Griller der heutigen Zeit versteht, dem sind die Anforderungen an seinen Grill nie zu hoch. Mit Napoleon haben wir Griller einen zuverlässigen und qualitätsvollen Partner gefunden, dessen Produkte Fleisch und jegliches andere Grillgut perfekt grillen.

Nach jahrelanger Zusammenarbeit mit meinen Partnern von Napoleon entstand die Idee, ein Grillbuch mit unseren Grillfreunden Adi Matzek, Andreas Rummel, Ted Reader und dem Grillsportverein zu gestalten. So haben wir einzigartige Grillrezepte aus Kanada, Österreich und Deutschland für Sie gesammelt. Ob Sie indirekt, direkt, im Infrarotbereich oder mit Spieß grillen: Ich wünsche Ihnen viel Vergnügen beim Zubereiten der Rezepte, fröhliche, entspannte Gäste und immer gute Glut.

*Rudolf Jaeger*

## Andreas Rummel

Grillprofi Andreas Rummel gilt als Grill- und BBQ-Experte Nr. 1 in Deutschland. Mit seinem Erfahrungsschatz aus über 20 Jahren Gastronomie und acht Jahren Grillbranche hat er sich als bekanntester und erfolgreichster Showgriller Deutschlands etabliert. Was Andreas nicht über's Grillen weiß, brauchen Sie auch nicht zu wissen.

Mit über 200 Shows pro Jahr, unter anderem für Pro7, RTL, Kabel 1, ARD, MDR, Rewe, Coop sowie auf Gastro-/Lebensmittelmessen und Beiträgen in zahlreichen Print- und Onlinemedien ist er selbst im Kreise weltweiter Spitzenköche eine feste Größe.

Andreas Rummel ist besonders für kreative Rezeptentwicklung, seine originellen Gerichte und deren lebhafte Darstellung vor Publikum aller Art bekannt. Ob Gourmetfleisch oder Vegetarisch, ob Fisch oder Dessert, seine Kreativität macht vor keinem Nahrungsmittel halt.

Zu seinen *signature dishes* gehören zum Beispiel der mit Injektion veredelte Braten, die Wolfsbarschschiffchen oder der spektakuläre Burger mit flüssigem Eigelbkern (»Rummel-Burger«). Durch seine Entertainerqualitäten und mit seinem Fachwissen ist er auf den renommiertesten Bühnen unterwegs und bringt dort seinem Publikum die Speisenzubereitung auf dem Grill näher. Ein bisher in Deutschland einzigartiges Projekt ist sein Buch *Grillhits für Kids*, in dem er Grillen für Kinder und auch Erwachsene kinderleicht erklärt.

*www.fire-food-fun.com*

## Ted Reader

»Auf der Suche nach der Grill- und BBQ-Perfektion habe ich unseren ganzen wunderbaren Planeten von Bali bis Boston und von der Mongolei bis Montreal bereist«, erzählt Ted Reader, »Godfather of the Grill«. Heute konzentriert er sich darauf, Grillanfängern dabei zu helfen, mit einfachen Ideen und Rezepten zu Grillmeistern zu werden.

Der preisgekrönte kanadische Küchenchef, Food-Entertainer und kulinarische Grillpionier Ted Reader ist bekannt für seine Leidenschaft für Lebensmittel und für seinen furchtlosen Ansatz, Feinschmeckerstil mit Hausmannskost zu verbinden. Er verwandelt sein Können am Grill zu wahrer Perfektion, die uns das Wasser im Mund zusammenlaufen lässt.

Als Profi trat Ted erstmals von 1989–1992 im Sky Dome Hotel als Küchenchef in Erscheinung. Im Jahr 1997 machte Ted sich selbstständig und entwickelte eine Reihe sehr beliebter Saucen wie die »Red Neck White Sauce« oder die »Beerlicious Barbecue«, die er selbst vertreibt. Er ist Autor von bisher 17 Grillbüchern und einer der berühmtesten Köche und Food-Entertainer in Kanada.

Ted Readers Leidenschaft für die offene Flamme und das Grillen ist legendär. Er hält den Weltrekord für den größten Hamburger, der je gegrillt wurde (etwa 267 Kilogramm). Außerdem ist er kulinarischer Berater für einige der größten Lebensmittelkonzerne in Kanada.

Teds aktuelle Grillbücher: *The Art of Grillin' and Chillin'* und *The Complete Idiot's Guide of Smoking Foods.*

*www.tedreader.com*

## Rudolf Jaeger

Rudolf Jaeger ist Manager des deutschen Grillsportvereins, produziert und vertreibt Grillartikel und ist, *last but not least*, Teamchef des GSV-Meisterschaftsteams. Er selbst ist mehrfacher deutscher Meister in verschiedenen Grillkategorien. Gemeinsam mit dem Team des Grillsportvereins ist er in den Top 10 der Grill-Weltrangliste. Darüber hinaus hat er mehrere Grillbücher geschrieben und herausgegeben. Als enger Partner arbeitet er seit vielen Jahren mit der Firma Napoleon zusammen.

Der Grillsportverein (GSV) bietet heute die größte deutschsprachige Internetplattform mit mehreren 10 000 Besuchern am Tag, über einer Million Beiträgen, zigtausenden Grillthemen und über 30 000 Mitgliedern. Gegründet wurde der GSV vor 15 Jahren von Elmar Hör. Die Homepage lässt mittlerweile keine Frage mehr zum Thema Grillen offen, und in der Grillrezeptdatenbank befinden sich über 5000 Einträge. Im Forum tauscht sich die Webcommunity täglich aus. Hier finden sich weitere 10 000 Rezepte. So ist der GSV *die* Instanz in Sachen Grillen. Regelmäßig treffen sich die GSV-Mitglieder in ganz Europa auch »offline« und geben ihr Wissen praxisnah weiter.

Rudolf Jaeger veröffentlichte unter anderem die Verlagsbestseller *Grillen wie die Weltmeister*, in dem er das geballte Wissen des GSV weitergibt, *Das große Smoker-Buch* als Referenzbuch über das Smoken, das *Holzbackofenbuch* sowie *Faszination Grillen*. Seine GSV-Grillsaucen sind unter www.grillsportverein.de erhältlich, ebenso wie die GSV-Grillrezepte als App.

## Adi Matzek

Als langjähriger Teamchef der Waldviertler Hornochsengriller hat Adi Matzek an vielen internationalen Grillmeisterschaften teilgenommen. Der Österreicher gewann mit seiner Mannschaft unter anderen Titeln auch den des begehrten Doppelgrillweltmeisters in den Disziplinen Fisch und Rind. Als »Fleischsommelier« ist Adi Matzek gern gesehener Gast in TV-, Radio- und Printmedien, wenn es um qualifizierte und humoristische Aussagen zum Thema Grillen und Barbecue geht!

Adis Credo lautet: »Wenn Gastgeber zu entspannten Gästen und Gäste zu fantasievollen Grillern werden, dann nennt man das gesellige Grillvergnügen einfach Barbecue.«

Grill- und Barbecue-Fans aus aller Welt teilen die Freude an der Kommunikation über ihre Passion, und das war Adis Triebfeder, die »Erste Österreichische Grillschule« zu gründen. Hier möchte Adi die zwanglose Offenheit und den Erfahrungsaustausch, welcher sich bei Grillmeisterschaften und Showgrillevents ergibt, sowie das damit verbundene positive Lebensgefühl in seiner Grillschule weitergeben.

Adis aktuelle Grillpublikationen: *Besser Grillen, Heiß aufs Grillen, Grillgenuss, Grillkurs* DVD u. Handbuch.

*www.grillschule.at*

# Grillen mit Gas

Profi-Drehspieße mit Gegengewicht, damit sich das Fleisch gleichmäßig vor dem Infrarotbrenner dreht

Wie der Deckel, so der Gasgrill: Diese Rollhaube ist wunderbar platzsparend in ihrer Gestaltung und dabei auch sehr elegant.

Der Sizzle-Zone-Infrarotgrill sorgt für große Anbrathitze und kann auch als Seitenbrenner für Pfannen oder Töpfe verwendet werden.

Der besondere Luxus: Seitenablagen aus Edelstahl mit integrierten Getränkehaltern, einem Eisbehälter für das gekühlte Bier; enthält auch ein Schneidbrett.

Säulenaufsatz mit Lenkrollen – so verschwinden die mobilen Füße.

Handtuchhalter: wenn's mal brenzlig wird ... immer ein Tuch zur Hand

Das ist der ganze Stolz der Napoleon-Gourmet-Grills, der Prestige Pro (PRO600RSIB). Das eigene Grillglück erahnt man bereits beim Anblick dieses Hochleistungsgrillsystems aus Edelstahl.

Für die exklusive Outdoor-Küche sind die modular aufbaubaren Oasis-Inseln der Traum eines jeden Grillers.

**Outdoor-Cooking**

Das Grillen und Outdoor-Cooking wird von Jahr zu Jahr leidenschaftlicher betrieben. Eine der effektivsten und einfachsten Arten, mit dem Grillen zu beginnen, ist die Verwendung eines Gasgrills, sei es ein kleiner mobiler Gasgrill oder eine Grillstation. Der leidenschaftliche Griller schätzt dabei nicht nur ausgefeilte Technik, sondern auch solide Leistung, ansprechendes Design und funktionales Grillzubehör. Napoleon bietet verschiedene Modelle für fast alle Anforderungen: ob im Garten, auf der Terrasse, dem Balkon oder auch auf dem Schiff. In der Abbildung (links) als Beispiel ein voll ausgestatteter Prestige Pro 600 mit über 26 Kilowatt Leistung und einer großen Hauptgrillfläche von 90 x 43 Zentimetern, ein Highlight auf jeder Terrasse. Der Vorteil von Gasgrills liegt auf der Hand: Sie sind sofort einsatzbereit, eine volle Gasflasche vorausgesetzt, und schon nach kurzer Zeit kann mit dem Grillen begonnen werden. Durch die geringe Rauchentwicklung wird ein Gasgrill im Vergleich zum Holzkohlegrill auch von den Nachbarn geschätzt. Die Grundmodelle verfügen alle über einen kastenförmigen Unterbau, eine Haube und Seitenablagen. Die Edelstahlqualität der verwendeten Bauteile in überwiegend V2A-Ausführung beeindruckt besonders. Die Grillhauben, die geöffnet direktes und geschlossen indirektes Grillen ermöglichen, sind bei den Napoleon-Grillgeräten besonders platzsparend konstruiert, was bei beengten Verhältnissen sehr vorteilhaft ist.

Die Napoleon-Gasgrillfamilie verfügt über unterschiedlich ausgestattete Geräte der Serien Prestige, Mirage, LE und SE.

Das neue Spitzenmodell Prestige Pro500RSIB

Der praktisch-transportable TravelQ2225

**Der Gasbrenner**

Die patentierten Brenner aus Edelstahl sorgen durch den doppelt so starken Materialeinsatz wie in handelsüblich verbauten Brennersystemen, also den dickeren Edelstahlmantel, für genügend Hitze im Grill. Die Flammenschutzeinsätze schützen den Brenner vor herabtropfendem Fett. Ein wichtiger Tipp: Die Leistung am Grillrost ist in der Regel größer als vom Deckelthermometer angezeigt. Viele Grillanfänger arbeiten deshalb oft mit zu hoher Temperatur.

Die Brenner werden über den Startknopf in Betrieb genommen, der Grill ist bei Vollgas auf allen Brennern nach ca. 15 Minuten bereit. Die Temperatur lässt sich mit dem Regler leicht anpassen. Die Napoleon-Regler können sehr genau justiert werden und sind nicht auf nur zwei Stufen begrenzt wie bei vielen anderen Herstellern. Dadurch lässt sich ein gleichmäßiges Temperaturspektrum von etwa 100 °C bis über 300 °C einregeln.

Bei Napoleon sind auch Modelle mit Erdgasanschluss erhältlich. Dann muss man noch nicht einmal Gasflaschen vorrätig haben und diese wechseln. Sollte einmal das Gas ausgehen, kann man sich mit dem Holzkohleeinsatz behelfen. Dazu wird der Grill einfach mit Holzkohle bestückt. Die patentierten, sehr stabilen Grillroste aus Edelstahl sind in ihrer Napoleon-typischen Wellenform einzigartig. Darüber hinaus gibt es noch Gusseisenroste (wie z. B. bei verschiedenen Sizzle-Zone-Modellen) und Grillplatten.

Mit dem Spießaufsatz wird nicht nur kulinarisch ein Highlight geboten – auch beim Grillevent ist er ein Hingucker.

**Features der Gasgrills**
Für viele Modelle erhältliche Drehspießsets sind schon fast ein Muss, um Rollbraten, Geflügel und vieles mehr zu grillen. Überwiegend wird hier der im Gehäuse rückseitig angebrachte Infrarotbrenner als Hitzequelle verwendet. Selbst Gyros bereitet sich quasi von selbst zu.

Eine Besonderheit der Napoleon-Grills ist bei verschiedenen Modellen die sogenannte Sizzle Zone (ein Infrarotbrenner aus spezieller Keramik, der mit 10 000 Löchern versehen ist), die in wenigen Minuten bis zu 1000 °C Grillhitze erzeugt und diese Infrarotwärme sofort an das Grillgut abgibt. Das entspricht der Infrarotwärme, die auch bei der Holzkohleglut entsteht. Diese hohe Anbrathitze ist der Schlüssel zu geschmackvollen Steaks, Hamburgern oder sonstigen Fleischgerichten und versieht das Grillgut mit schönem Branding mit Röstaromen. Darüber hinaus wird das Fleisch sehr schnell zubereitet, ein Steak braucht pro Seite nur wenige Minuten. Gerade bei direktem Grillen über dem Feuer, ob auf der Sizzle Zone oder den Grillrosten, sollte der Grillchef keine Minute vom Grill weichen und sich durch nichts ablenken lassen. Wenn die Sizzle Zone einmal nicht benötigt wird, ist jeder Griller froh über die entstandene Ablagefläche.

Im stabilen, rostbeständigen und verzinkten Unterbau des Grills finden Gasflasche und Grillzubehör Platz. Die angebauten Lenkrollen ermöglichen einfaches Rangieren des bis zu 155 Kilogramm schweren Gartenmöbels.

# Grillen mit Holzkohle

Wenn die Briketts gleichmäßig Weiß glühen, ist es Zeit für das Grillgut!

**Holzkohlegrills**

Was gibt es Ursprünglicheres, als Speisen über dem Feuer zuzubereiten? Grillen, auch wenn es heute zivilisierter, komfortabler und effizienter zugeht, ist seit Jahrtausenden in unserer Esskultur verankert.

Heute ist das Feuer ganz komfortabel und kontrolliert zu handhaben: Mit einem Anzündekamin dauert das Durchglühen der Briketts ca. 25 Minuten. Dabei sollten Spiritus oder ähnliche Brennmittel aus Sicherheitsgründen vermieden werden. Auch wenn der Anzündevorgang, ob mit Kamin oder mit Brennmitteln, länger als beim Gasgrill dauert, ist der Holzkohlegrill für viele Grillfreunde das einzig Wahre. Das einzige Manko: Das Anzünden beim Holzkohlegrill macht ein bisschen mehr Arbeit, ebenso wie das Reinigen, aber hier ist ja auch der Weg das Ziel.

Alle Gerichte in diesem Buch lassen sich sowohl auf dem Holzkohlegrill als auch auf dem Gasgrill zubereiten.

Für viele Griller ist der typische Rauchgeruch ein wichtiger Bestandteil des Vergnügens. Ob für das direkte Grillen über dem Rost oder das indirekte Grillen, Smoken oder Räuchern mit geschlossenem Deckel: Ein Holzkohlegrill ist oft ein kostengünstiger, platzsparender und transportabler Grillgefährte. Die Temperatur wird über die Menge der Holzkohle oder Briketts gesteuert, die im Holzkohlerost liegenden Behälter erzeugen verschiedene Temperaturzonen. Über die Lüftungsregler oben im Deckel und unten am Aschebehälter werden konstante Temperaturen erreicht.

Für einen Grillabend reicht bei den Kugelgrills oft schon ein voller Anzündekamin, mit dem man am sichersten mit Grillhandschuhen und festem Schuhwerk hantiert. Für größere Grillevents mit vielen Gästen oder um ein Spanferkel zu grillen, gibt es zum Mirage-Holzkohlegrill kaum eine Alternative. Wie heißt es unter Grillern so schön: »Grillfläche ist nur durch noch größere Grillfläche zu ersetzen.«

Der Apollo AS300K Smoker

**Cooler Smoker: Räuchern, grillen, smoken**
Dieser Apollo »3 in 1« kann sowohl für Kalt- und Warm- als auch für Heiß- bzw. Nassräuchern – ein im Vergleich zu den anderen Methoden relativ zeitsparendes Verfahren, das etwa beim Räuchern von Aal angewandt wird – gebraucht werden. Aber auch als normaler Holzkohlegrill mit Haube ist er nutzbar.
Das Smoken, auch Niedrigtemperaturgaren genannt, findet immer mehr Anhänger. Durch lange, konstant niedrige Grilltemperaturen von 100–150 °C werden Fleischstücke besonders zart und bekommen bei Verwendung von Räucherhölzern und Rubs – einer Art Trockengewürz zum Einmassieren in das Fleisch – ihren typischen Geschmack. Nicht nur in den USA hat diese Art der Fleischzubereitung, das Barbecue (BBQ), Tradition und BBQ-Gerichte wie Pulled Pork oder Brisket sind auch hierzulande nicht mehr unbekannt. Ein typischer Smoker ist oft ein Eisenungetüm von mehreren Hundert Kilogramm und wird hauptsächlich mit Holz befeuert. Der Napoleon-Apollo hingegen ist ein sogenannter Water Smoker und besticht durch seine einfache Handhabung, seine nur 20 Kilogramm und einen geringen Platzbedarf. Wegen des im Vergleich zu einem großen Smoker günstigen Preises und der Vielfältigkeit eignet er sich bestens für den Smoker-Neuling.
Im Unterschied zum klassischen Smoker wird er mit Briketts befeuert, eingestreute Wood Chips sorgen für den typischen Räuchergeschmack. Die im Gehäuse eingelegte Schale wird mit Wasser gefüllt, dient als Wärmespeicher und sorgt für hohe Luftfeuchtigkeit im Grill. So wird die dünne Materialschicht des Gehäuses ausgeglichen (alternativ kann diese auch mit Sand oder Kies gefüllt werden) und mit einer Füllung werden Brennzeiten von bis zu 20 Stunden erreicht. Ein Nachfeuern wie beim normalen Smoker ist in der Regel nicht nötig. Um den Wasserstand und das Abbrennen der

Die Napoleon Holz-Kohle-»Kugeln« als Wagenmodell NK22CK-C mit Seitentisch und das Standbeinmodell NK22CK-L, beide sind mit extra dickem Paltinium-Porzellan beschichtet.

Die High-End-Ausführung für Holzkohle-Griller, der Mirage M605RBCSS

Das Smoken mit dem Apollo funktioniert natürlich auch im Winter.

Briketts zu kontrollieren, sind Türen angebracht. Die Temperaturregelung geschieht einfach über die Lüftungsregler.
Das Setup für ein gelungenes Barbecue mit dem Apollo ist einfach herzurichten. In den Kohlekorb wird mittig eine Dose ohne Boden gestellt und ringsherum mit fünf bis sechs Kilogramm Briketts aufgefüllt. Wichtig ist die Verwendung von hochwertigen Briketts, denn nur dann ist eine lange, gleichmäßige Temperatur gewährleistet. Nach Geschmack nun Wood Chips über die Briketts streuen, doch zunächst nicht mehr als zwei Handvoll. Mit einem etwa halb gefüllten Anzündekamin weitere Briketts bis zum Durchglühen erhitzen und diese danach in die vorbereitete Dose schütten.
Sobald die glühenden Briketts in der Dose sind, diese entfernen. Das Feuer kann sich nun langsam durch die Briketts arbeiten. In den ersten Stack-Aufsatz nun die Wasserschale stellen, mit Wasser füllen und mit Alufolie abdecken. Auf den zweiten Stack kommt der Rost.

Zum Einregeln der Temperatur auf 110 °C hat es sich bewährt, die unteren Zuluftregler ein Viertel und den oberen in der ersten Stunde ganz zu öffnen. Nach gut 60 Minuten kann das Grillgut auf den Rost gelegt werden. Der Smoker sollte dann eine konstante Temperatur erreicht haben. Wer größere Grillmengen smoken möchte, kann einen zusätzlichen Stack aufbauen.
Natürlich kann der Apollo durch das modulare Stack-System auch als einfacher Kugelgrill zum Grillen oder mit Räucherhaken zum Räuchern verwendet werden.

**Reinigung**

Ein unschätzbarer Vorteil ist die unproblematische Instandhaltung und Reinigung der Grills. Die Außenflächen können nach Bedarf mit Napoleon-Orangenreiniger (nicht für lackierte Teile), Napoleon-Edelstahlreiniger oder Seifenlauge gesäubert werden. Das Gehäuse darf auch vorsichtig mit ei-

Reinigungsmittel und -bürste

nem Hochdruckreiniger bearbeitet werden. Scheuermittel sollten jedoch nicht zum Einsatz kommen!
Der Garraum braucht eigentlich kaum Pflege, er sieht einfach nach den ersten Grilleinsätzen wie ein benutzter Grill aus. Man sollte nicht allzu viel Zeit aufs Schrubben verschwenden und nur grobe Fettablagerungen mit einer Bürste entfernen. Hierbei aber eine Stahlbürste nur für die Roste benutzen!
Den Aschekorb mit der trockenen Asche unter dem Brenner oder dem Holzkohlerost in ein Aschegefäß entleeren und das Fettauffanggefäß mit gewöhnlichem Spülmittel reinigen. Wer es sich leichter machen will, kann entweder Aluschälcheneinsätze nutzen, die einfach ausgewechselt werden, oder das Fettauffanggefäß mit Alufolie auskleiden. Gerade bei fettintensiven und großen Mengen Grillgut sollte man das Fettauffanggefäß immer im Blick haben, sodass sich das gesammelte Öl nicht entzündet.
Die Grillroste werden bei hoher Temperatur mit einer Grillbürste im Grill geschrubbt. Gussgrillroste werden nach dem Einsatz mit der Grillbürste gereinigt und mit Rapsöl eingepinselt, dann bei hoher Temperatur eingebrannt. Edelstahlroste können in die Spülmaschine gelegt werden.
Den Gasschlauch der Gasgrills unbedingt jährlich auf Risse, Abrieb und so weiter untersuchen. Sobald er brüchig ist, sollte er ausgetauscht werden. Und die Brenner der Sizzle Zone dürfen nicht mit Wasser und sonstigen Flüssigkeiten in Berührung kommen; hier kann nach häufiger Benutzung das Gitter über dem Keramikfeld ersetzt werden.
Eine Abdeckhaube ist nicht unbedingt notwendig, aber empfehlenswert, falls der Grill längere Zeit ungeschützt im Garten steht. Solche Hauben sind auch von Napoleon erhältlich. Zu einer Abdeckung aus Plastik sollten Sie nicht greifen, denn darunter wird der Grill »schwitzen«.

# Vom Land – Schwein, Lamm und Rind

# Grillfleisch: Empfehlungen der Meister am Grill

Fast »bis zum Tode mariniertes« Halsnackenfleisch mit einer unschönen Neonfarbe vom Discounter legt sich kein ambitionierter Genussgriller auf den Rost. Der Metzger unseres Vertrauens ist die erste Anlaufstelle für gute Qualität. Alternativ gehen Sie ins Internet und bestellen Sie online, heutzutage mit perfekt lückenloser Kühlkette. Das Paket kommt dann direkt in den Garten (etwa www.otto-gourmet.de) ...

## Vom Schwein

**Ibérico-Ribs**

Die schwarzen Ibérico-Schweine aus Zentralspanien wachsen in einer Gegend mit vielen Stein- und Korkeichen auf, werden mit Eicheln gefüttert und haben dadurch ein unvergleichlich nussiges Aroma.
Das Fleisch dieser alten Rasse zeichnet sich durch die Marmorierung im Muskel aus. Eichelgefütterte Ibérico-Schweine bieten die sogenannte Bellota-Qualität.
Diese Schweinerippchen haben wegen des deutlich größeren Fettanteils einen hervorragenden Eigengeschmack.

**Fledermaus**

Die Fledermaus ist ein kurzfasriger Fleischmuskel, der den Schlussknochen der Keule (Schlögel) bedeckt. Wegen der feinen Marmorierung ist das Fleisch saftig und zart. Egal ob mariniert oder nur kurz gewürzt: Es gelingt immer und ist eine ausgezeichnete Alternative zum Kotelett.

## Vom Rind

**Tomahawk-Steak**

Das wegen seiner Form Tomahawk-Steak genannte Rib-Eye-Steak hat einen extra langen Rippenknochen. Wie alle Rib-Eye-Steaks zeichnet sich auch das Tomahawk-Steak bei hoher Marmorierung (das heißt, der Muskel ist mit schön gleichmäßigen und möglichst feinen Fettadern durchzogen) durch intensiven Geschmack und große Saftigkeit aus.

**T-Bone- und Porterhouse-Steak**

T-Bone- und Porterhouse-Steaks werden aus dem Rücken geschnitten. Beide haben in der Mitte den berühmten T-Knochen, der sich aus Rückgrat- und Rippenknochen zusammensetzt. Rechts und links des Knochens schließen sich Filet und Roastbeef an. Diese Klassiker der amerikanischen Steakhousekultur unterscheiden sich im Filetanteil.
Das T-Bone-Steak hat einen kleineren Filetanteil als das Porterhouse-Steak. In Bayern jedoch hat das Porterhouse-Steak geringeren Filetanteil! Klassisch stammen beide Steaks vom US-amerikanischen Rind. Je nach Rasse wiegen Porterhouse-Steaks zwischen 600 und 1400 Gramm.

**Ibérico-Ribs**

**Rib-Eye-Steaks**

**Flank-Steak**
Das Flank-Steak – in einigen Teilen Deutschlands auch »Hose« genannt – wird aus der Flanke des Rinds geschnitten. Bereitet man es ganz klassisch zu, so wird es mariniert und dann kurz angegrillt. In Mexiko oder dem amerikanischen Südwesten wird es dünn aufgeschnitten und auf Salat oder Fajitas gegeben. Für ein gutes Grillergebnis ist sehr gute Fleischqualität ein Muss. Wir empfehlen US-Beef oder Wagyu.

**Hereford-Ochsenkarree**
Das Ochsenkarree vom Hereford-Rind ist ein Rib-Eye-Steak am Knochen. Die Hereford-Rinder sind klein und auch bei reiner Grasfütterung in der Lage, intramuskuläres Fett anzusetzen, das für die feine Marmorierung verantwortlich ist. Da Fleisch bei reiner Grasfütterung keinen intensiven Geschmack entwickeln kann, empfiehlt es sich, das Ochsenkarree *dry-aged* zu nehmen, das dann also etwa 21 Tage am Knochen reifen konnte.

**T-Bone-Steaks**

**Ochsenkarree**

# Marinaden und Saucen fürs Fleisch

## Biermarinade

**Zutaten**

3 Zehen Knoblauch, gehackt
200–300 ml Bautzner mittelscharfen Senf
200–250 ml Schwarzbier
1–2 EL Worcestersauce
10 g Salz
1 g frisch gemahlener Pfeffer
1 g getrockneter Majoran
Zwiebelringe nach Belieben

Aus den Zutaten bis auf die Zwiebelringe einen nicht zu dünnen Marinadenbrei mischen. Das Fleisch für mindestens 2 Tage im Kühlschrank in einer verschlossenen Schüssel marinieren. Zwischen die Fleischstücke nach Geschmack Zwiebelringe legen.

## Honigmarinade

**Zutaten**

3 EL flüssiger Honig
1 EL Sojasauce
1 EL Zitronensaft
2 EL Sesamöl
1 Zehe Knoblauch, gepresst
wenig Tabasco
1 EL Sesamsamen

Die Zutaten gut verrühren und das Grillgut damit bestreichen. Wenn es schnell gehen soll, mindestens 30 Minuten durchziehen lassen, andernfalls das Grillgut mit der Marinade in einem Frischhaltebeutel über Nacht in den Kühlschrank legen.

## Senfmarinade

**Zutaten**

1 EL Senf
1 EL Tomatenketchup
2 EL Rotwein
4 EL Öl
1 TL Cayennepfeffer

Die Zutaten gut verrühren und das Grillgut damit bestreichen. Wenn es schnell gehen soll, mindestens 30 Minuten durchziehen lassen, andernfalls das Grillgut mit der Marinade in einem Frischhaltebeutel über Nacht in den Kühlschrank legen.

## Würzmischung nach Marisa (Tempero da mamãe)

**Zutaten**

1 kg Knoblauch, geschält
1 Bund Frühlingszwiebeln
6 Lorbeerblätter
2 Zwiebeln
1 frisch geriebene Muskatnuss
500 g Salz

Alle Zutaten außer dem Salz im Mixer pürieren, zum Schluss das Salz zugeben. Die hellgrüne Masse in einem Schraubglas aufbewahren. Sie hält sich sehr lange im Kühlschrank. Das Fleisch 1 Stunde vor dem Grillen mit der Würzmischung einreiben und etwas ruhen lassen.

### Richtwerte beim Marinieren

**Rindersteaks und -spieße:**
4–6 Stunden

**Rinderbraten:**
5–7 Stunden

**Rinderbrust (Brisket):**
5–7 Stunden

**Short Ribs:**
6–8 Stunden

**Schweinefilet:**
3–4 Stunden

**Schweinekoteletts:**
3–4 Stunden

**Spare Ribs:**
6–8 Stunden *(Empfehlung: über Nacht bis zu 24 Stunden)*

**Lammspieße:**
4–6 Stunden

**Reh:**
6–8 Stunden

**Die Basis**

Es gibt drei Basiskomponenten einer jeden Marinade: Säure, Öl und Gewürze. Die Säure macht das Fleischgewebe zart und mürbe, die Gewürze sorgen für Geschmack. Es gibt verschiedene Säuren mit unterschiedlichem Aroma: Essig, Zitronensaft, Tomaten, Wein, Bier, Buttermilch, Kaffee, Cranberrysaft, Grapefruitsaft, Orangensaft, Joghurt.
Die verwendeten Gewürze müssen intensiv sein, denn ihre Kraft lässt nach, sobald sie sich im Marinierprozess befinden. Öl ist Teil der Marinade, weil viele Aromen fettlöslich sind. Die salzhaltigen Gewürze können dem Fleisch Wasser entziehen; die Aromen werden jedoch in dem Öl gebunden. Normalerweise verwendet man pflanzliches Öl, aber natürlich kann man auch anderes Fett benutzen. Je fettarmer und magerer das Fleisch ist, desto mehr Öl sollte in der Marinade sein.

**Die Behälter**

Da Marinaden Säure enthalten, sollten unbedingt reaktionsfreie Behälter zur Aufbewahrung und Zubereitung verwendet werden. Dafür eignen sich Behältnisse aus Glas oder lasierter Keramik, aber auch einfach Plastikbeutel, die man mit etwas Küchendraht verschließt.

**Marinade als Sauce**

Wird die Marinade auch als Sauce zum Essen serviert, sollte sie vorher in einem kleinen Topf mindestens 5 Minuten eingekocht werden.

**Die Marinadenspritze**

Möchte man das Fleisch schnell und intensiv marinieren, gibt es auch noch die Möglichkeit, mit einer Marinadenspritze, z. B. dem Napoleon Marinaden-Injektor, zu arbeiten. Diese sieht aus wie eine überdimensionierte Spritze aus dem Krankenhaus, hat aber mehrere Öffnungen in der Nadel selbst. Mit ihr kann man die Marinade schnell in das Fleisch einbringen. Spritzen Sie dabei so, dass die Marinade beim Einstechen gleichmäßig verteilt wird. Denn sonst sind einige Bereiche des Fleisches »überversorgt« und andere bleiben zu trocken.

200 °C
15–20 Minuten
Direkt

**Profi-Tipp**

Anstatt eines Kebap-Grillsets von Napoleon können auch zwei Backsteine zum Auflegen der Spieße verwendet werden. Auf Seite 172 gibt es noch eine eindrucksvolle Variante der Spieße.

# Moskauspieße

Grillsportverein

## Zutaten für 6–8 Personen

2 kg fetten Schweinehals oder Kamm
1 EL Wacholderbeeren
6 Lorbeerblätter
4 große Zwiebeln, grob geschnitten
1 Knoblauchknolle
4 l Mineralwasser mit viel Kohlensäure
½ l helles Bier oder Pils
4 rote Paprikaschoten
Napoleon-BBQ-Gewürzmischung Schwein

1 Das Fleisch in große Stücke schneiden, dabei die Fettschicht nicht entfernen und mit den zerkleinerten Wacholderbeeren, dem Lorbeer sowie den grob geschnittenen Zwiebeln und dem Knoblauch in einem großen Behälter (Eimer) mit dem Mineralwasser vermengen. Das helle Bier dazugeben, nochmals gut verrühren und das Ganze mindestens drei Tage in den Kühlschrank stellen.

2 Vor dem Grillen die Fleischstücke abwechselnd mit Zwiebel und Paprikaschoten aufspießen und mit der Napoleon-Gewürzmischung Schwein bestreuen. Bei starker Hitze und mehrmaligem Wenden grillen, bis die gewünschte Farbe erreicht ist.

3 Nur mit diesem Vorlauf und der Flüssigkeit, die in das Fleisch dringt, wird das Fleisch so schön mürbe – ein Trick unserer russischen Grillfreunde!

180 °C
10 Minuten
Indirekt

**Profi-Tipp**

Die Wraps lassen sich am besten mit einem Brotmesser schneiden.

# Thüringer Sushi

Andreas Rummel

## Zutaten für 24 Sushi

300 g Hackfleisch, gewürzt
4 Tortilla-Wraps
mittelscharfer Senf zum Bestreichen
1 Dose Sauerkraut (ca. 700 g)
BBQ-Kaviar von Andreas Rummel

1 Das Hackfleisch in einen Gefrierbeutel geben. Die Wraps zur Hälfte mit Senf bestreichen. Den Saft aus dem Sauerkraut drücken (das geht am besten mit einem sauberen Geschirrtuch).

2 Je einen Wrap mit dem Senf bestreichen. Das Kraut auf der Senffläche des Wraps verteilen.

3 In den Gefrierbeutel in eine der unteren Ecken ein Loch schneiden und das Hackfleisch als Wurst auf den Wrap drücken. Den Wrap vorsichtig zusammenrollen und mit einem Holzspieß verschließen.

4 Die Wraps unter mehrmaligem Wenden etwa 10 Minuten grillen, dann in mundgerechte Stücke schneiden. Die Rolle aufrecht stellen und mit dem BBQ-Kaviar garnieren.

180 °C

6 Minuten

Direkt / Sizzle Zone

**Profi-Tipp**

Aus Platzgründen maximal zwei Wurststreifen gleichzeitig auf der Sizzle Zone grillen.

# Thüringer Bratwurst

Andreas Rummel

## Zutaten für 4 Personen

2 gebrühte Thüringer Bratwürste, mind. 2 cm Durchmesser
3 Lauchzwiebeln
4 EL Frischkäse
1 TL Napoleon-Senf
½ Bund Schnittlauch, in Röllchen geschnitten
2 Scheiben Sandwichtoast
Olivenöl

1 Die Lauchzwiebeln etwa 15 Minuten indirekt grillen, sodass sie weich sind und leichte Röststellen haben. Anschließend die Lauchzwiebeln in kleine Ringe schneiden und mit dem Frischkäse, dem Senf sowie ein paar Röllchen Schnittlauch verrühren.

2 Die Bratwürste längs in der Mitte durchschneiden. Die Wurststreifen auf die Sizzle Zone legen. Durch die starke Hitze kringeln sich die Scheiben. Drei- bis viermal wenden.

3 Vom Toastbrot die Rinde abschneiden und jede Scheibe halbieren. Mit einem Nudelholz die Streifen ausrollen. Die Unterseite der gerollten Toastblätter mit Olivenöl bestreichen und aufrollen. Die Röllchen auf die Naht setzen und indirekt grillen, sodass stabile Röllchen entstehen. Die Toastbrotröllchen aufrecht in den Bratwurstkringel stellen und mit dem Lauch-Senf-Frischkäse füllen.

100–115 °C

16 Stunden und mehr

Smoker

### Profi-Tipp

Sie können statt der Schweineschulter auch den Nacken gut verwenden. Denken Sie daran, Pulled Pork ist ein wahrer Langzeitjob, bis die Kerntemperatur erreicht wird, können gut und gerne 16 Stunden und mehr vergehen.

# Pulled Pork

Grillsportverein

### Zutaten für 12 Personen

1 Schweinschulter, 4–6 kg
BBQ-Sauce

**Für den Rub**

4 EL mildes Paprikapulver
4 EL feines Salz
4 EL brauner Zucker
2 EL Senfpulver
2 EL Chilipulver
1 EL gemahlener Kreuzkümmel
2 EL frisch gemahlener schwarzer Pfeffer
4 EL Knoblauchgranulat
1 EL Cayennepfeffer
2 EL Thymian
1 EL Majoran
2 EL Oregano

**Für die Marinade/Injektion**

500 ml Apfelsaft
100 ml Apfelessig
4 EL brauner Zucker
4 EL feines Salz
1 EL Sojasauce
1 EL Worcestersauce

Tortillawraps zum Einwickeln

1 Alle Zutaten für den Rub mischen und die Schulter 1–2 Tage vor dem Smoken damit einreiben, in Frischhaltefolie einwickeln und in den Kühlschrank legen. Anschließend alle Zutaten für die Marinade mischen und die eingeriebene Schulter 1 Tag lang in einem großen Gefrierbeutel marinieren. Der Rub verleiht der Marinade noch etwas mehr Würze.

2 Am Tag des Smokens die Marinade abgießen und aufbewahren, die Schulter bei Raumtemperatur einige Stunden liegen lassen.

3 Die Schulter abtrocknen und erneut mit dem Rub einreiben. Die aufbewahrte Marinade durch ein Sieb gießen und bis auf etwa 100 Milliliter mit einer Fleischspritze in das Fleisch injizieren.

4 Anschließend die Schulter bei 100–115 °C auf 93–95 °C Kerntemperatur erhitzen. Anfangs nach Belieben Wood Chips dazugeben. Nach 5–6 Stunden das Fleisch mit der restlichen Marinade einpinseln.

5 Nach dem Smoken das Fleisch warm in Alufolie eingepackt mindestens 1 Stunde ruhen lassen. Dann die Schulter mit den Händen in Stücke zupfen, gut durchmischen und in Tortillas wickeln. Alternativ Hamburgerbrötchen verwenden. Nach Geschmack kann beim Zupfen noch zusätzlich eine BBQ-Sauce untergemischt werden.

# Pulled-Pork-Rolle

Andreas Rummel

### Zutaten für 4 Personen

Pulled-Pork-Rolle (siehe oben)
12 Tortillawraps
500 g Weißkrautsalat
BBQ-Chutney aus dem Glas
Napoleon-BBQ-Sauce

1 Für diese Serviervariante des Pulled Pork einen Streifen Weißkraut auf den Wrap geben.

2 Dann das warme Pulled Pork dazugeben und eine feste Rolle wickeln. Danach noch einmal 5 Minuten bei 180 °C direkt auf den Grill geben und mehrmals wenden, damit der Wrap Röstaromen annimmt und kross wird. Das Weißkraut soll im Kern kalt bleiben.

3 Die Rolle in etwa 3 Zentimeter große Stücke schneiden, aufrecht stellen und mit BBQ-Chutney garnieren. Dazu Napoleon-BBQ-Sauce reichen.

### Profi-Tipp

Das Spanferkel so auf dem Spieß fixieren, dass es rund läuft. Zum Austarieren sind unter Umständen mehr Gewichte nötig, als bei den Spießen mitgeliefert wurden.

Mirage M605RBCSS

200 °C

ca. 4 Stunden

Indirekt / Spieß

# Ibérico-Spanferkel am Spieß

Grillsportverein

1 Das Spanferkel unter fließendem Wasser gründlich abspülen, innen und außen mit einem Tuch trocken reiben. Das Fleisch mit einer Mischung aus Salz, Pfeffer und den Kräutern einreiben.

2 Das Spanferkel auf den Grillspieß stecken, dabei den Spieß unterhalb der Wirbelsäule vom Schinken bis in die Schnauze schieben. Die Spießklammern fest in Hinterschinken und Backen drücken. Füße, Schwänzchen und Ohren mit Alufolie umwickeln, damit sie nicht verbrennen (die Folie 15 Minuten vor Ende der Grillzeit wieder abnehmen).

3 Das Spanferkel mit Öl bestreichen, den Spieß in den vorgeheizten Holzkohlegrill mit vertikalem Glutkorb einsetzen. Dieser Metallkorb, der auch mit Briketts gefüllt ist, sorgt dafür, dass zusätzliche Hitze auf Höhe des Spießes abgegeben wird. Das Spanferkel unter ständigem Drehen und Bestreichen mit Öl etwa 4 Stunden grillen. Sollte die Temperatur zwischenzeitlich sinken, glühende Briketts nachfüllen.

4 Das Spanferkel in den letzten 30 Grillminuten mehrmals und gleichmäßig mit Bier bestreichen, damit es schön knusprig wird.

5 Zum Tranchieren das fertige Spanferkel auf ein großes Tranchierbrett legen. Zuerst Keulen und Schultern abtrennen und in Scheiben schneiden, dann das Rückenfleisch lösen und zerschneiden. Die Rippenknochen zum Abknabbern portionieren.

### Zutaten für 8–10 Personen

1 Ibérico-Spanferkel, etwa 6 kg
4 EL grobes Salz
4 TL frisch gemahlener schwarzer Pfeffer
1 TL frischer Thymian, gehackt
1 TL frischer Majoran, gehackt
1 TL frischer Beifuß, gehackt
6 EL Sonnenblumenöl
500 ml helles Bier

Einzigartig ist bei diesem großen Holzkohlegrill die »5-Gang-Schaltung«, die eine mehrstufige Temperaturregulierung des Glutbetts ermöglicht.

140–200 °C

5 Minuten je Seite

Direkt

### Profi-Tipp

Ein paar Scheiben frisch gehobelte schwarze Trüffel auf dem Fleisch machen diesen Burger zu einem Highlight jeder Grillparty.

# Rummel-Burger

Andreas Rummel

## Zutaten für 4 Personen

600 g Rinderhackfleisch
300 g Salz
300 g Zucker
4 Eier
1 EL Napoleon-Grillgewürz Rind
3 EL Sweet-Chili-Sauce
1 TL Senf
4 Hamburgerbrötchen
Belag nach Wunsch

1 Das Salz und den Zucker in einer Schale mischen. Eigelb und Eiweiß trennen und die Eigelbe einzeln in die Schüssel geben, sodass sie komplett von der Salz-Zucker-Mischung umschlossen sind.

2 Nach 3 Stunden die Schale unter fließendes Wasser halten und die Eigelbe ganz vorsichtig abspülen.

3 Das Hackfleisch mit dem Napoleon-Grillgewürz Rind, der Sweet-Chili-Sauce und dem Senf würzen und mindestens 5 Minuten zu einer festen Masse kneten. Die Hackfleischmasse auf Frischhaltefolie etwa 2 Zentimeter dick ausstreichen oder mit dem Nudelholz ausrollen. Dann mit einem Ring (im Durchmesser 20 Prozent größer als die Brötchen) Fleischburger ausstechen.

4 In die Mitte der Burger eine Mulde drücken, die Eigelbe vorsichtig einsetzen, mit etwas Hackfleischmasse abdecken und andrücken.

5 Nun die Burger 5 Minuten je Seite braten. Am besten das Fleisch medium grillen, dann ist das Eigelb in der Mitte noch flüssig. Abschließend den Burger zwischen die Brötchenhälften geben und weiter nach Belieben belegen.

180–250 °C
2–3 Minuten je Seite
Direkt

180–250 °C
2–3 Minuten je Seite
Direkt / 3-Punkt-Methode

**Profi-Tipp**

Die Filets dürfen auf keinen Fall durchgegrillt werden!

# Fledermaus vom Schwein

Adi Matzek

### Zutaten für 4 Personen

12 Stück Fledermaus vom Schwein
Adis Kotelettgewürz mit ummanteltem Salz oder Gewürz für helle Fleischsorten
Salz
frisch gemahlener schwarzer Pfeffer

1 Das Fleisch mit Grillgewürz bestreuen und auf beiden Seiten 2–3 Minuten bei 180–250 °C grillen.

2 Das Fleisch vom Grill nehmen, mit Folie abdecken und so vor dem Servieren noch kurz ruhen lassen.

# Spanferkelfilet

Adi Matzek

### Zutaten für 4 Personen

8–10 Schweinefilets vom Ferkel
Salz
frisch gemahlener bunter Pfeffer
Kräuter nach Belieben (Rosmarin)

1 Die Filetstücke am Kopfanfang vorsichtig von der Silberhaut befreien. Weiter hinten kann die Haut verbleiben, da sie dort sehr zart und dünn ist. Das Fleisch erst kurz vor dem Grillen würzen, damit im Inneren der Eigengeschmack erhalten bleibt.

2 Das Filet flächig, mit der Silberhaut nach oben, auf den Rost legen. Wenn ein gutes Grillmuster sichtbar ist, das Fleisch leicht vom Rost lösen und etwa ein Drittel weiterrollen. Leicht an den Rost andrücken. Ist das Grillmuster wieder gut eingebräunt, das Fleisch erneut rollen und das restliche Drittel garen (3-Punkt-Methode).

3 Wenn das Filet rundherum ein gleichmäßiges Grillmuster zeigt, 2 Minuten ruhen lassen.

NAPOLEON
Prestige

160–180 °C

2 Stunden

Indirekt / Spieß

## Profi-Tipp

Beim indirekten Grillen wird in der Mitte auf den Kohlerost eine Aluschale gestellt und seitlich links und rechts die glühende Holzkohle platziert. Am Grillrost oben in der Mitte lassen sich Hähnchen oder größere Grillstücke bei geschlossenem Deckel wunderbar zubereiten.

# Kräuterrolle am Spieß

Adi Matzek

### Zutaten für 4 Personen

1,5 kg Bauchfleisch, ausgelöst und ohne Schwarte
500 g Wurstbrätmasse von Grillbratwürsten, roh
50 g toskanische Kräutermischung (Thymian, Rosmarin, Lorbeer, Lavendel, Bergbohnenkraut, Oregano und Salbei)
Salz
frisch gemahlener schwarzer Pfeffer

1 Das Bauchfleisch in der Mitte der Länge nach zu einer doppelten Fläche aufschneiden. Der Schnitt muss auf der geraden Seite erfolgen, dort, wo der Bauch vom Karree abgetrennt wurde.

2 Einen kleinen Teil der Wurstbrätmasse auf die Fläche geben, gut verteilen und einmassieren. Die restliche Wurstbrätmasse auftragen, wenn sich das Fett des Wurstbräts und das Bauchfleisch leicht verbunden haben.

3 Die Wurstbrätmasse mit der Kräutermischung würzen und das Fleisch zusammenrollen. Dabei auf der mageren Seite beginnen, sodass die Fleischrolle innen mager und außen fettig ist und gut gegrillt werden kann.

4 Die Rolle außen mit den Kräutern würzen, salzen und pfeffern. Nun mit einem Wurstspagat (Bindefaden für Fleisch) knüpfen. Am besten in der Mitte beginnen und dann links und rechts je einmal abknüpfen. Danach jeweils in der Mitte zwischen den Knoten abknüpfen. So entsteht ein gleichmäßiges Knüpfmuster.

5 Die Kräuterrolle vorsichtig mittig auf den Spieß schieben und mit den Spießklammern von jeder Seite fixieren. Bei 160–180 °C indirekt mit dem hinteren Brenner und einer untergestellten Tropftasse etwa 2 Stunden grillen. Die Kerntemperatur sollte 78–80 °C betragen.

OTTO

OTTO

250 °C

3–5 Minuten je Seite

Direkt

### Profi-Tipp

Alternativ zur Hamburgerpresse die Burgermasse auf Backpapier streichen und die Burger mit einem Schälchen oder einer Tasse ausstechen.

80–180 °C

4 ½ Stunden

Indirekt / Smoker

### Profi-Tipp

Tafelspitz ist eigentlich als Kochfleisch bekannt, es eignet sich aber auch gut zum Grillen. In Brasilien wird es *picanha* genannt und für Grillgerichte verwendet.

### Zutaten für 6–8 Personen

1 kg Bisonhackfleisch (oder Rinderhackfleisch)
2 Zwiebeln, fein gehackt
3 Zehen Knoblauch, fein gehackt
1 Bund Petersilie, fein gehackt
2 EL Butter, 3 Eier
Chilipulver
etwas Thymian und Oregano
Salz
frisch gemahlener schwarzer Pfeffer
2 TL Senf
2 TL Tomatenketchup
1 TL Sojasauce
3 EL Semmelbrösel
6–8 Scheiben Edelpilzkäse
frische Salatblätter
GSV-Whiskey-Sauce
6–8 Hamburgerbrötchen

# Bisonburger

Grillsportverein

1 Die Zwiebeln und die Knoblauchzehen mit der gehackten Petersilie in zerlassener Butter glasig anbraten, zum Hackfleisch geben. Das Fleisch mit den Eiern, Gewürzen, Senf, Tomatenketchup, Sojasauce und Semmelbröseln vermischen. Die Fleischmasse mit den Händen durchkneten und dann einige Minuten ruhen lassen.

2 Danach die Hamburger formen, eine Hamburgerpresse ist dabei sehr hilfreich.

3 Die Burger direkt, am besten auf einer Gussplatte, grillen und nicht zu oft wenden. Die Fleischstücke mit Käse, Salat und Sauce in die Brötchen legen. Dazu ein bayerisches Bier reichen.

### Zutaten für 4 Personen

1 Tafelspitz
2 Stangen Lauch
1 TL Thymian, gehackt
100 g weiche Butter
Salz
frisch gemahlener schwarzer Pfeffer

# Gesmokter Tafelspitz mit Lauchgemüse

Andreas Rummel

1 Den Tafelspitz bei 80 °C etwa 4 Stunden grillen und durch Wood Chips für ein Raucharoma sorgen. Die Kerntemperatur sollte bis 55 °C für die Garstufe medium rare und 58 °C für medium betragen.

2 Den Lauch längs in feine Streifen schneiden und in eine Aluminiumschale geben. Den Thymian mit Butter, Salz, Pfeffer sowie den Lauchstreifen gut mischen.

3 Das Ganze nun abgedeckt 20 Minuten bei 180 °C grillen und dabei mehrfach wenden.

WHISKEY
GRILL - SAUCE
NAPOLEON

400°F
500°F
200°F
600°F
100°F
700°F
ACCU-PROBE™

### Profi-Tipp

Holzkohlebriketts halten die Hitze länger. Mit Kokosfasern durchzogene Briketts glühen besonders lang. Für eine ideale Aromenentwicklung trockene Holzscheite auf die glühenden Briketts legen, verwenden Sie gut eingeweichte Wood Chips. Besonders gut eignen sich Hölzer vom Apfel- oder Kirschbaum oder vom Weinstock. Harzige Hölzer sollten nie verwendet werden!

180–250 °C

10–15 Minuten

Direkt

Holzkohlekugelgrill NK22CK-L

## Liebesspieße

Adi Matzek

### Zutaten für 4 Personen

16 Stück Bauchfleisch, ausgelöst, ohne Schwarte, 3 mm dick
1 Zwiebel, fein gehackt
4 EL Olivenöl
2 EL Weinessig
3 EL Orangensaft
3 EL Tomatenketchup
1 EL scharfes Tomatenketchup
1 TL Worcestersauce
¼ TL gerebelter Oregano

1 Die Zwiebel mit Öl, Weinessig, Orangensaft und Ketchup zu einer Marinade verrühren. Die Worcestersauce und den Oregano hinzufügen.

2 Das Bauchfleisch in schmale Streifen schneiden. Das untere Ende des Bauchstreifens aufspießen. Den Bauchstreifen nun spiralförmig um einen langen Holzspieß wickeln und dabei gut andrücken. Mit allen Spießen so verfahren und sie dann mit der Marinade bestreichen.

3 Die Liebesspieße auf dem vorgeheizten Grill bei mittlerer bis hoher Hitze direkt knusprig grillen. Die Spieße eignen sich perfekt als Fingerfood. Mit einer milderen Kräutermarinade ohne Alkohol ist der Knabberspaß auch bei Kindern beliebt.

Die Besonderheit bei den NK-Modellen ist der Edelstahl-Wärmeverteiler auf dem Holzkohlerost. Steht der Anzündkamin direkt auf dem Rost, glühen die Briketts schneller durch. Auch benötigen Sie so keine feuerfeste Auflage für den Kamin.

230 °C

ca. 10 Minuten

Infrarot

### Profi-Tipp

Insbesondere wenn Kinder in der Nähe sind, spielt Sicherheit eine große Rolle. Der Grill sollte stabil stehen und nie unbeaufsichtigt sein. Darüber hinaus sollten Erste-Hilfe-Kasten und Feuerlöscher bereitstehen. Kleidung aus synthetischen Fasern sollte vermieden werden.

# Rinderfilet mit Cognac-Butter-Sauce

Ted Reader

### Zutaten für 6 Personen

1 Rindfleischfilet, etwa 1,5 kg, pariert

**Für die Injektion**

125 g ungesalzene Butter, zerlassen und gekühlt
60 ml Cognac
1 EL frischer Thymian, fein gehackt
60 ml Napoleon-BBQ-Gewürz Rind
1 EL geräuchertes Paprikapulver (erhältlich in Grillfachgeschäften)
2 EL Olivenöl

**Für die Cognac-Butter-Sauce**

30 ml Cognac
1 EL Butter
100 g Butter, zerlassen, in 5-ml-Einheiten portioniert, gekühlt
6 Schalotten, geschält, in dünne Scheiben geschnitten
4 Zehen Knoblauch, gehackt
Salz
frisch gemahlener schwarzer Pfeffer

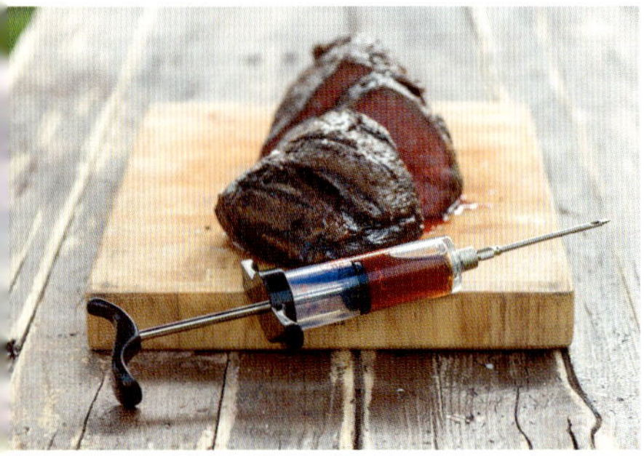

**Napoleon-Injektion**

1 Die zerlassene Butter, den Cognac und den Thymian gut mischen und die Fleischinjektionsspritze damit füllen. An mehreren Stellen die Sauce ins Fleisch geben.

2 Das Filet in Frischhaltefolie einwickeln und 2 Stunden kühlen.

3 Aus dem Napoleon-BBQ-Gewürz, dem geräucherten Paprikapulver und dem Olivenöl eine Marinade anrühren. Damit das Filet einreiben und etwa 30 Minuten ruhen lassen, damit das Fleisch Zimmertemperatur annimmt.

**Cognac-Butter-Sauce**

1 Auf dem Seitenbrenner die Schalotten und den Knoblauch mit Butter 3–4 Minuten anbraten und den Cognac unter Flammen hinzugeben.

2 Wenn die Flammen verlöscht sind, den Topf vom Brenner nehmen und die kalte Butter Stück für Stück unter ständigem Rühren mit einem Schneebesen untermengen, bis die Butter geschmolzen ist. Mit Salz und Pfeffer abschmecken, die Sauce warm stellen.

3 Das Filet auf der Sizzle Zone 1–2 Minuten je Seite scharf direkt anbraten und weitere 4–7 Minuten je Seite grillen, bis die Garstufe medium erreicht ist. Danach 5 Minuten ruhen lassen; mit Cognac-Butter-Sauce servieren.

M151A

230 °C

8–12 Minuten je Seite

Sizzle Zone

## Profi-Tipp

Ein richtiges Cowboy-Steak verdient diesen Namen erst ab 5 Zentimetern Stärke, alles andere ist Carpaccio. Generell sollten Fleischstücke nie zu dünn geschnitten sein, da sonst Austrocknungsgefahr besteht. Die ideale Dicke ist 2–3 Zentimeter.

Prestige PRO 500 RSIB

### Zutaten für 2–4 Personen

2 Rippensteaks mit Knochen à 750 g, 5–7,5 cm dick geschnitten
60 g Napoleon-BBQ-Gewürz Rind
60 g Knoblauch, auf dem Grill geröstet
2 EL Butter
1 mittelgroße Zwiebel, halbiert, in dünne Scheiben geschnitten
3 Tassen braune Pilze (z. B. Shiitake)
2 EL Balsamicoessig
1 EL frisches Basilikum, gehackt und etwas mehr Blätter zum Garnieren
Salz
frisch gemahlener schwarzer Pfeffer
220 g Gorgonzola

Hier ist die Sizzle Zone mit einem Wave-Gussrost ausgestattet, dieser lässt sich zweifach in der Höhe verstellen und er eignet sich auch bestens für das Erhitzen einer Gusspfanne. Der Gussrost sollte vor dem ersten Einsatz z. B. mit Rapsöl eingebrannt werden.

# Cowboysteak

Ted Reader

1 Die Steaks mit dem Napoleon-BBQ-Gewürz und dem in einer gusseisernen Pfanne gerösteten Knoblauch gut einreiben. Die Steaks dann bei Raumtemperatur in einem geschlossenen Behälter mindestens 30 Minuten marinieren. Den Grill auf mittlere bis hohe Temperatur vorheizen.

2 In einer Pfanne oder im Wok die Butter auf dem Seitenbrenner zerlassen und die Zwiebeln 2–3 Minuten braten, bis sie weich und glasig sind. Die Pilze dazugeben und 8–10 Minuten unter gelegentlichem Rühren grillen, bis sie weich sind.

3 Nun Essig, gehacktes Basilikum und den Rest des Knoblauchs einrühren, bis der Essig absorbiert worden ist, und mit Salz und Pfeffer abschmecken. Alles warm halten, bis die Steaks gegrillt sind.

4 Die Steaks für die Garstufe medium 8–12 Minuten pro Seite oder 4–6 Minuten auf der Sizzle Zone grillen. Danach 5–10 Minuten in Alufolie ruhen lassen. Die Steaks schneiden, mit der Zwiebelmischung, Gorgonzola und Basilikum garnieren und servieren.

230 °C

3–4 Minuten je Seite

Direkt

## Profi-Tipp

Nicht mit der Grillgabel ins Grillgut stechen! Würste tropfen dann, bei Fleisch wird die Struktur zerstört und das Fett erzeugt Flammen, die nur punktuell und deshalb einfach zu viele Röstaromen produzieren. Besser eine Grillzange verwenden, die das Fleisch nicht verletzt.

# Rinderspieße auf Rosmarinzweigen

Ted Reader

### Zutaten für 8 Personen

300 g Knoblauch-Kräuter-Gewürz
250 g verschiedene Kräuter, gehackt (z. B. Rosmarin, Thymian, Petersilie, Salbei)
1 Rinderfilet (etwa 2,2 kg), überflüssiges Fett und Silberhaut entfernt
16 lange Zweige Rosmarin oder Weinrebe, 30–40 cm lang

**Für die Tuscan-Style Salsa Cruda**

6–8 große reife Romatomaten, fein gewürfelt
30 ml fruchtiges, kalt gepresstes Olivenöl
2 EL abgetropfte Kapern, grob gehackt
grobes Meersalz nach Belieben
2 EL guter Balsamico-Essig
60 g frisches Basilikum

1 Das Filet in große Würfel mit 4–5 Zentimetern Kantenlänge schneiden und das Knoblauch-Kräuter-Gewürz gut in das Fleisch einmassieren. 6–8 Würfel auf den Rosmarin- oder Weinrebenzweig spießen. Die Spieße mit Frischhaltefolie abdecken und 2–3 Stunden in den Kühlschrank legen.

2 Die Spieße etwa 1 Stunde vor dem Grillen aus dem Kühlschrank nehmen, damit sie Raumtemperatur annehmen.

3 In der Zwischenzeit für die mexikanische Tuscan-Style Salsa Cruda die gewürftelten Tomaten mit Olivenöl, Kapern, Meersalz, Balsamicoessig und Basilikum gut in einer Schüssel verrühren. Zugedeckt 30 Minuten ruhen lassen, damit sich die Aromen entfalten können.

4 Die Spieße direkt bei mittlerer bis großer Hitze 3–4 Minuten je Seite grillen.

165 °C

1 ½–2 Stunden

Indirekt / Smoker

## Profi-Tipp

Zum Entfernen und Anheben der Membran ist ein spitzer Schraubenzieher noch besser geeignet als ein Messer.
Der Apollo-Holzkohlegrill kann wie hier auch als Smoker zum Räuchern verwendet werden.

Apollo AS 300 K Smoker

## Zutaten für 4 Personen

4 Racks Baby Back Ribs

**Für den Honigsenf**
125 ml würziger brauner Senf
60 ml Honig
125 g brauner Zucker
60 ml Weißweinessig

**Für den Brauner-Zucker-Rub**
250 g brauner Zucker
60 g granulierter Knoblauch
60 g »Rib and Chicken«-BBQ-Gewürz
2 El Zwiebelsalz
2 TL Selleriesalz
2 EL frisch gemahlener schwarzer Pfeffer
2 EL frischer Salbei, gehackt
2 TL getrockneter Rosmarin
1 TL getrockneter Thymian

250 ml Napoleon-BBQ-Sauce

# Baby Back Ribs

Ted Reader

1 Mit einem scharfen Messer einen Teil der Membran auf der Rückseite der Rippen lösen. Wenn ein Stück Membran freigelegt ist, diese mit einem Papiertuch fassen und sie vorsichtig mit einem Zug von den Rippen entfernen.

2 Für den Honigsenf und den Rub jeweils alle Zutaten miteinander vermischen.

3 Dann alle großen Fettstücke von den Rippen schneiden und das Fleisch mit Honigsenf bestreichen. Dann den Rub einmassieren. Die Rippen 30 Minuten ruhen lassen.

4 Danach die Rippen im Rib-Rack-Halter 1 ½–2 Stunden in den Smoker oder auf den Grill legen, bis sich die Knochen leicht lösen lassen. Das Fleisch in den letzten 10–15 Minuten mit der Napoleon-BBQ-Sauce bestreichen. Die Sauce nach Belieben auch zum Essen reichen.

300 °C / 140–200 °C

90 Sekunden je Seite

Direkt / Sizzle Zone

### Profi-Tipp

Kaufen Sie beim Fleischermeister Ihres Vertrauens abgehangenes Rindfleisch, ca. 3–4 Wochen nach der Schlachtung wäre ideal!

# Roastbeef von der Waldviertler Kalbin

Adi Matzek

## Zutaten für 4 Personen

4 Stück Roastbeef, 2,5–3 cm Schnittstärke
Fleur de Sel
frisch gemahlener Pfeffer

**Für die Zucchinitürmchen**

4 mittelgroße Zucchini
1 kleine Zwiebel, fein gehackt
1 japanischer Knoblauch, fein gehackt
1 grüne Paprikaschote, klein gewürfelt
1 gelbe Paprikaschote, klein gewürfelt
1 rote Paprikaschote, klein gewürfelt
Adis Gemüsegrillgewürz (alternativ Kräutergewürzmischung)
etwas frisch geriebener Parmesan
20 g Butter

**Für die Fetakartoffeln**

4 mittelgroße festkochende Kartoffeln
50 g Feta, klein gewürfelt
Salz
50 g Frühstücksspeck, klein geschnitten
50 g Zwiebel, fein gehackt
frisch gemahlener Pfeffer

1 Vor dem Grillvorgang das überschüssige Fett vom Roastbeef entfernen und nur etwa 0,5–1 Zentimeter belassen. Den Grill mit der Sizzle Zone gut vorheizen.

2 Auf der heißen Sizzle Zone die Roastbeefstücke auf jeder Seite etwa 90 Sekunden bei 300 °C angrillen, danach von der Sizzle Zone nehmen und mit Fleur de Sel und frisch gemahlenem Pfeffer würzen.

3 Die Roastbeefstücke in eine Alufolie geben und einige Minuten ruhen lassen. Wer das Fleisch eher medium bis durch vorzieht, sollte die Fleischstücke noch 8–10 Minuten bei 140–160 °C im indirekten Bereich ziehen lassen.

4 Als Beilage passen Fetakartoffeln und Zucchinitürmchen gut. Dafür die Zucchini ein- bis zweimal teilen und mit einem Parisienne-Ausstecher mittig aushöhlen. Die entstandenen Zucchinikügelchen beiseite stellen.

5 Zwiebel, Knoblauch und Paprika anschwitzen, mit Grillgewürz abschmecken und anschließend mit Parmesan vermengen. Die ausgehöhlten Zucchinitürmchen damit füllen. Die Türmchen kurz bei 180–200 °C indirekt grillen.

6 Die Kartoffeln bissfest in Salzwasser kochen. Leicht abkühlen lassen, halbieren und mit einem Löffel aushöhlen. Das aus der Kartoffel gelöste Innere mit den anderen Zutaten vermengen, salzen und pfeffern.

7 Die Masse durch die Kartoffelpresse passieren und dann in die Kartoffelhälften geben. Die Hälften indirekt bei 180–200 °C 15–20 Minuten bis zur gewünschten Bräunung grillen.

8 Kurz vor dem Anrichten die beiseite gelegten Zucchinikügelchen kurz in Butter schwenken und den Teller damit garnieren.

NAPOLEON

## Profi-Tipp

Brisket ist ein Klassiker, wenn es ums Smoken geht. Die an sich zähe Rinderbrust wird durch das sehr lange Garen bei niedriger Temperatur zart und schmeckt hervorragend.

110 °C

20 Stunden

Indirekt / Smoker

# Brisket

## Grillsportverein

1 Die Zutaten für den Rub mischen. Den Rub gut in das Brisket einmassieren und das Ganze 24 Stunden in Frischhaltefolie wickeln, dann so in den Kühlschrank legen. Das Fleisch einige Stunden vor dem Smoken wieder herausnehmen und die Folie entfernen.

2 Das Brisket etwa 20 Stunden bei 110 °C smoken, am Ende mit zerlassener Butter einpinseln. Dafür einen Mop (aus saugstarkem Material gefertigter Pinsel) verwenden. Das Fleisch gegen die Faser aufschneiden und servieren.

### Krautsalat

1 Dazu passt weißer Krautsalat, der mit der Zwiebel und den Karotten fein geschnitten wird. Aus Knoblauchzehen, Joghurt, Mayonnaise, Essig und Öl ein Dressing herstellen und mit Salz, Pfeffer und Zucker abschmecken.

## Zutaten für 12 Personen

3–5 kg Brisket (Rinderbrust)

**Für den Rub**

55 g frisch gemahlener schwarzer Pfeffer
55 g edelsüßes Paprikapulver
55 g brauner Zucker
2 EL Salz
2 EL Senfpulver
1 TL Cayennepfeffer
150 ml Butter, zerlassen

**Für den Krautsalat**

500–700 g Spitzkohl, fein geschnitten
1 Gemüsezwiebel, fein geschnitten
2 Karotten, fein geschnitten
4 Zehen Knoblauch, fein geschnitten
2 EL Joghurt, 3,5 % Fettgehalt
3 EL Mayonnaise aus dem Glas
2 EL Apfelessig
3 EL Sonnenblumenöl
Salz
frisch gemahlener Pfeffer
Zucker

Den Smoker nur zum Moppen oder zum Nachfüllen von Wasser oder Briketts öffnen. Die dabei entweichende Hitze verlängert den Garvorgang erheblich.

90 °C

4 Stunden

Indirekt

### Profi-Tipp

Wenn gegrilltes Fleisch als »noch blutig« bezeichnet wird, ist das falsch. Die austretende rötliche Flüssigkeit ist Wasser mit Myoglobin. Dabei handelt es sich um ein Muskelprotein, das für die rötliche Färbung des Fleisches verantwortlich ist. Erst ab einer Kerntemperatur von 71 °C ist der Fleischsaft klar.

# Hereford-Roastbeef im Ganzen

Andreas Rummel

### Zutaten für 6–8 Personen

etwa 2 kg Hereford-Roastbeef
BBQ-Gewürz
10 Schalotten
8 mittelgroße festkochende Kartoffeln
300 g Foie gras
frischer Thymian
frisch geriebener Parmesan
Salz
frisch gemahlener schwarzer Pfeffer

1 Das Roastbeef mit dem BBQ-Gewürz einmassieren und das Fleisch bei etwa 90 °C 4 Stunden grillen. Die Kerntemperatur mit einem Fleischthermometer kontrollieren. Wenn die Kerntemperatur von 58 °C (für die Garstufe medium) erreicht ist, das Fleisch vom Grill nehmen, in Alufolie wickeln und vor dem Aufschneiden noch 5 Minuten ruhen lassen.

2 Die Schalotten in der Schale 10 Minuten auf den Grill legen.

3 Die Kartoffeln vorkochen, halbieren und aushöhlen, sodass ringsum noch etwa 1 Zentimeter Kartoffel in der Schale bleibt.

4 Das Kartoffelmark, die Gänseleber, Salz sowie Pfeffer und etwas Thymian in eine Schüssel geben und mit einer Gabel so zerdrücken, dass ein Brei entsteht. Die Masse in die Kartoffelhälften füllen. Dann etwas Parmesan darüberreiben.

5 Die gefüllten Kartoffelhälften auf den Grill legen. Den Deckel schließen und die Kartoffeln etwa 20 Minuten bei bis zu 200 °C indirekt grillen.

6 Die Schalotten vom Grill nehmen, 5 Millimeter vor der Wurzel abschneiden und das Innenleben auf dem Teller ausdrücken, alles gemeinsam servieren.

7 Das Roastbeef nach Belieben mit Salz und Pfeffer würzen.

**Profi-Tipp**

Auch hier gilt: Das Fleisch frühzeitig aus dem Kühlschrank nehmen, damit es Raumtemperatur annehmen kann.

250 °C

5–8 Minuten

Direkt

**Profi-Tipp**

Die Kunst des Wurstgrillens besteht darin, stetig zu wenden, zu wenden und nochmals zu wenden, bis die Würste eine goldbraune Farbe angenommen haben. Fürs Auge die Würste kreuzweise einschneiden.

200 °C

5–10 Minuten

Direkt

# T-Bone-Steak

Grillsportverein

### Zutaten für 1–2 Personen

1 American T-Bone-Steak mit Filet, etwa 800 g
Fleur de Sel
gemahlener schwarzer Pfeffer

1 Idealerweise ein original American T-Bone-Steak besorgen. Um den besonderen Geschmack nicht zu verfälschen, keine Marinade oder andere Zugaben verwenden.

2 Das Steak pro Seite scharf für 5–8 Minuten auf dem Gussrost oder auf der Sizzle Zone grillen und dadurch mit einem schönen Branding versehen.

3 Danach etwa 10 Minuten in Alufolie ruhen lassen. Nach Belieben salzen und pfeffern.

# Ultimative GSV-Grillbratwurst

Grillsportverein

### Zutaten für 8 Personen oder 17 Würste à 120 g

1,2 kg fetter Schweinebauch
900 g Schweinenacken
10 g Kümmel
8 g schwarze Pfefferkörner
4 g Pimentkörner
7 g frischer Knoblauch
10 g Zwiebelpulver
18 g Salz
10 g Aromat
2 g Macis
30 g Petersilie
1,5 EL Majoran
20 Würfel gefrorene Milch
12 g Kutterhilfe ohne Umrötung
2 Eier
Schweinedarm

1 Den Kümmel sowie die Pfeffer- und Pimentkörner in der Pfanne anrösten, dann durch eine Kaffeemühle kurbeln oder einen Mixer verwenden. Das Fleisch in Streifen schneiden und etwa 2 Stunden frieren.

2 Das Fleisch durch die grobe Scheibe des Fleischwolfs drehen. Den Knoblauch fein hacken und mit der Masse und den Gewürzen mischen. Nun die Masse zuerst durch die mittlere und dann durch die feine Scheibe des Fleischwolfs drehen. Etwa ⅔ der Fleischmasse mit der gefrorenen Milch, der Kutterhilfe und den Eiern fein zerkleinern.

3 Alles gut mischen und die Luft herausschlagen. Dabei die Wurstmasse mehrmals in das Gefäß werfen, danach in den Wurstfüller geben. Hier ein mittleres 32er-Füllrohr verwenden und 15–20 Zentimeter lange Würste ablängen. Die Würste indirekt unter ständigem Drehen grillen.

100 °C

ca. 20 Minuten

Direkt / Indirekt

### Profi-Tipp

Auch wenn es vielleicht verleitet, Sie sollten keinen Maiskolben direkt vom Feld verwenden. Dabei handelt es sich meist um Futtermais für Tiere, der beim Menschen zu Darmbeschwerden führen kann.

# Skirtsteak-Mais-Trilogie

Andreas Rummel

### Zutaten für 4 Personen

4 Skirtsteaks
3 Maiskolben
2 EL Popcornmais
2 EL weiche Butter
Salz
1 Zehe Knoblauch
1 unbehandelte Zitrone, Abrieb
Rosmarin, fein geschnitten
frisch gemahlener Pfeffer
Fleur de Sel

1 Die Sizzle Zone 3 Minuten vorheizen. Das Skirtsteak auf der heißen Sizzle Zone von beiden Seiten 2 Minuten angrillen, bis ein ausgeprägtes Branding zu sehen ist. Zum Weitergaren bei etwa 100 °C in den Garraum legen (indirekt), mit Kerntemperaturthermometer versehen und ziehen lassen, bis es für die Garstufe medium 57 °C Kerntemperatur erreicht hat.

2 Den Popcorn-Mais in eine Aluschale geben und mit Alufolie abdecken. Diese direkt über die Flamme stellen und warten, bis die Körner aufplatzen. Währenddessen die Maiskolben angrillen. Von zwei Kolben die Körner abschälen, mit der Butter pürieren und mit Salz abschmecken. Vom restlichen Mais vorsichtig die Segmente lösen.

3 Die Knoblauchzehe kräftig zerdrücken und mit dem austretenden Saft einen vorgewärmten Teller bestreichen. Die Zitronenschale über die Teller reiben, den Rosmarin sowie eine Prise Pfeffer darübergeben.

4 Die Steaks gegen die Faser tranchieren und jeweils vier bis fünf Scheiben auf die Teller geben. Etwas Popcorn auf dem Teller verteilen, das Maispüree und die Segmente dazugeben und mit Fleur de Sel salzen.

USE OUTDOORS ONLY. READ THE INSTRUCTIONS BEFORE USING THE APPLIANCE. WARNING: ACCESSIBLE PARTS MAY BE VERY HOT. KEEP YOUNG CHILDREN AWAY.
AUS
AUS
AUS
AUS
NUR IM FREIEN BENUTZEN. VOR DEM ANZÜNDEN DIE ANLEITUNGEN LESEN. WARNUNG: DIE TEILE KÖNNEN SEHR HEIß WERDEN. KLEINE KINDER VOM GRILL ENTFERNT HALTEN.

## Profi-Tipp

Mittlerweile wird auch Foie gras von ungestopften Gänsen angeboten. Die ist nicht ganz so fett und lässt sich besser grillen als Leber von gestopften Gänsen. Auf jeden Fall schmeckt diese Pizzavariante »pornomäßig« gut!

350 °C

3 Minuten

Indirekt

# »Pornopizza«

Andreas Rummel

1 Den Grill mit Pizzastein etwa 15 Minuten bei großer Hitze vorheizen.

2 Die Zutaten für den Pizzateig mit 400 ml warmem Wasser verrühren, den Teig kneten und diesen dann 45 Minuten zugedeckt an einem warmen Ort gehen lassen.

3 Die Steinpilze in kleine Würfel schneiden. Vom Teig kleine, etwa 4 Zentimeter große, Kugeln abdrehen und mit einem Nudelholz auf etwa 12 Zentimeter Durchmesser ausrollen. Die Trüffel-Pamesan-Creme darauf streichen und mit einer Feinreibe noch frische Trüffel darüber reiben. Die Steinpilzwürfel gleichmäßig darauf verteilen.

4 Den Serranoschinken in feine Streifen schneiden und über die Pilze geben. Die Foie gras in etwa 1 Zentimeter dicke Scheiben schneiden und zwei Scheiben obenauf legen.

5 Die Pizzen etwa 3 Minuten auf den Pizzastein legen und den Deckel schließen. Zum Schluss noch mit einer Prise Fleur de Sel salzen.

## Zutaten für 4 Personen

**Für den Pizzateig**

500 g Mehl
10 g Hefe
1 Prise Salz
4 EL Olivenöl

**Für den Belag**

8 frische Steinpilze
30 g Trüffel-Parmesan-Creme
frische schwarze Trüffel
4 Scheiben Serranoschinken
8 Scheiben Foie gras
Fleur de Sel

180–200 °C

20–25 Minuten

Indirekt

### Profi-Tipp

Nach dem Grillen die Saumaisen in dünne Scheiben geschnitten und aufgefächert in eine Grilltasse schichten. Mit geriebenem Käse bestreuen und gratinieren!

### Zutaten für 4 Personen

800 g rohe Dauerwurstbrätmasse
2 kleine Schweinsnetze
(beim Metzger bestellen)

Besonders platzsparend und leichtgängig ist die hohe Lift-Easy-Rollhaube der Prestige-Serie konstruiert. Sie ist mit einem präzisen, gut ablesbarem Deckelthermometer versehen.

# Waldviertler Saumaise

Adi Matzek

1 Aus der Dauerwurstbrätmasse vier Kugeln formen. Bei der Bearbeitung die Hände leicht befeuchten, sonst klebt das Brät an den Händen.

2 Die Kugeln auf die Schweinsnetze legen, sie darin einwickeln und mit dem Messer das überschüssige Netz abtrennen. Die Kugeln mit dem überlappenden Teil nach unten legen und auf dem Rost oder auf einer Gussplatte etwa 20–25 Minuten bei 180–200 °C indirekt grillen.

NAPOLEON
BBQ-SENF

250 °C / 160 °C

8 Minuten / etwa 15 Minuten

Direkt / Indirekt

## Profi-Tipp

Wer den Wildgeschmack nicht so schätzt, kann auch mit einem Steakgewürz würzen, sodass die »Jagdaromen« etwas neutralisiert werden.

# Roastbeef vom Hirsch

Adi Matzek

## Zutaten für 4 Personen

1 kg Roastbeef vom Hirsch, pariert
Salz
frisch gemahlener Pfeffer
1 Prise Steakgewürz

1 Den Hirschrücken mindestens eine Stunde vor der Zubereitung aus dem Kühlschrank nehmen, damit das Fleisch Raumtemperatur annehmen kann.

2 Das Fleisch mit Salz und frisch gemahlenem Pfeffer sowie einer Prise Steakgewürz etwa 45 Minuten vor dem Grillvorgang bestreuen.

3 Den Hirschrücken auf dem vorgeheizten Grill direkt in 8 Minuten von allen Seiten angrillen, damit ein schönes Grillmuster entsteht. Nun den Grill auf indirekte Hitze einstellen und die Temperatur auf etwa 160 °C regeln, mit einem Fleischthermometer prüfen.

4 Sobald das Fleisch etwa 52 °C Kerntemperatur erreicht hat, vom Grill nehmen. Das Roastbeef in Alufolie einschlagen (glänzende Seite nach innen). Da beim Ruhen in der Alufolie ein Temperaturanstieg von 6–8 °C möglich ist, das Fleischthermometer weiter zur Kontrolle im Fleisch lassen. Die Endtemperatur sollte zwischen 58 und 63 °C liegen.

120 °C

10 Minuten, Apollo-Smoker: etwa 30 Minuten

Direkt / Smoker

### Profi-Tipp

Das Grillgut zuerst direkt und danach indirekt fertig zu grillen ist eine sehr gute Technik, um optimalen Geschmack zu erzielen.

### Zutaten für 4 Personen

4 Lammkronen
Salz
frisch gemahlener schwarzer Pfeffer
Senf
1 kleine Zwiebel, gehackt
1 Zehe Knoblauch, gehackt
2 EL Olivenöl oder Knoblauch-Gewürz-Öl
2 EL frische Kräuter (Thymian, Rosmarin, Petersilie ...), gehackt
4 EL Semmelbrösel

# Lammrücken mit Kräuterkruste

Adi Matzek

1 Die Lammkronen mit Salz und schwarzem Pfeffer würzen, im Apollo auf dem Rost über den Kohlen anbraten. Danach vom Grill nehmen und mit Senf einstreichen.

2 Die Zwiebel und den Knoblauch in Öl anschwitzen. Das Fleisch mit Zwiebeln, den Kräutern und den Semmelbröseln bestreuen und nochmals für etwa 30 Minuten bei 120 °C in den nun als Smoker umgebauten Apollo, Kerntemperatur 60–63 °C, legen.

175–260 °C

ca. 30 Minuten

Direkt / Indirekt

## Profi-Tipp

Alternativ kann man für dieses Rezept auch Hammelfleisch verwenden. Es ist kräftiges rotes Fleisch mit wenig Fett. Hammelfleisch sollte 8–12 Tage fachgerecht abhängen, damit es zart wird.

# Lammkeule

Ted Reader

### Zutaten für 6–8 Personen

1 frische Lammkeule mit Knochen (etwa 4 kg)

**Für die Knoblauch-Kräuter-Mischung**

Knoblauch-Kräuter-Gewürz nach Belieben
2 EL frischer, gehackter Rosmarin
1 EL frischer, gehackter Thymian
2 TL frisch gemahlener schwarzer Pfeffer
1 EL Salz
2 EL Dijonsenf
1 unbehandelte Zitrone, Abrieb und Saft

1 In einer Schüssel das Knoblauch-Kräuter-Gewürz mit den gehackten Kräutern mischen. Den Pfeffer, das Salz, den Senf, je zwei Esslöffel Zitronenabrieb und -saft dazugeben.

2 Mit Küchenpapier die Keule trocken tupfen und überschüssiges Fett abschneiden.

3 Die Keule mit der Knoblauch-Kräuter-Mischung einreiben. Das Fleisch 1 Stunde ruhen lassen, damit die Mischung einziehen kann und das Fleisch Raumtemperatur annimmt.

4 Die Keule bei 260 °C direkt 3 Minuten pro Seite scharf angrillen und die Temperatur auf 175 °C reduzieren. Bei geschlossenem Deckel nun indirekt 10–12 Minuten pro Seite grillen. Die Keule vom Grill nehmen, in Alufolie wickeln und noch etwa 15 Minuten ruhen lassen. Dann den Knochen entfernen und servieren.

# Aus der Luft – Geflügel

# Marinaden und Saucen für Geflügel

## Fruchtige Currysauce

**Zutaten**
1 Zwiebel
1 EL Olivenöl
60 ml Sahne oder Milch
200 g Apfelmus
1 TL Senf
1 TL Gemüsebrühe
Salz
frisch gemahlener Pfeffer
etwa 1 EL Currypulver

Die Zwiebel schälen, sehr fein hacken und in Olivenöl glasig anbraten. Mit Sahne ablöschen, das Apfelmus einrühren und alles erwärmen. Senf, Gemüsebrühe, Salz, Pfeffer und Currypulver untermengen und abschmecken. Die Sauce kurz aufkochen und danach abkühlen lassen.

## Cognac-Kräuter-Marinade

**Zutaten**
2 EL Cognac
1 EL frische Kräuter, gehackt (Salbei, Oregano, Rosmarin, Thymian)
2 EL Senf
1 Schalotte, fein gerieben
¼ TL frisch gemahlener Pfeffer
½ TL Curry
150 ml Öl

Alle Zutaten gut verrühren. Die Marinade kann in verschließbaren Gläsern abgefüllt einige Wochen im Kühlschrank aufbewahrt werden.

## Injektionsmarinade für Geflügel

**Zutaten**
250 g Butter
250 ml Bier
2 EL Worcestersauce
2 EL Tabasco oder 1 EL »Scharf wie die Sau«-Sauce vom Grillsportverein
1 EL Sojasauce
2 TL Knoblauchpulver
2 TL Zwiebelpulver
2 TL Salz

Alle Zutaten in einen Topf geben und bei mittlerer Hitze erwärmen, aber nicht kochen. Dann die Marinade auf Zimmertemperatur abkühlen lassen und durch ein Leinentuch filtern. Nun die Marinade an möglichst vielen Stellen gut verteilt ins Grillgut spritzen. Das Grillgut im Frischhaltebeutel über Nacht im Kühlschrank ruhen lassen.

### Richtwerte beim Marinieren

**Huhn im Ganzen:**
4 Stunden

**Hühnerbrüste:**
2–4 Stunden

**Hühnerteile:**
3–4 Stunden

**Chicken Wings:**
6–8 Stunden

**Truthahn:**
4–12 Stunden

**Truthahnviertel:**
4–8 Stunden

**Ente:**
6–8 Stunden

**Pute:**
4–6 Stunden

**Wildgeflügel:**
4–6 Stunden

**Gute Geflügelqualität**
Achten Sie beim Kauf auf artgerechte Haltung und Ernährung der Tiere. Auch Ihr Fleischgenuss wird es Ihnen danken, wenn Sie Hühner aus Massentierhaltung vermeiden.

**Perlhuhn**
Das Perlhuhn stammt aus Afrika und wird heute nur von wenigen europäischen Züchtern unter dem Leben in der Wildnis annähernd vergleichbaren Bedingungen gehalten. Perlhühner brauchen viel Bewegung und müssen fliegen können. Sie sind Futtersucher und brauchen die Abwechslung in der Ernährung. Industrielle Fütterungsprogramme sind hier keine Hilfe.

**Bressehuhn**
Blaue Füße, weißes Geflügel und ein roter Kamm – das sind die äußerlichen Merkmale des Bressehuhns sowie die Farben der französischen Nationalflagge. Die Bresse ist eine Region westlich von Lyon und in Frankreich der Inbegriff hochwertiger Geflügelzucht.

AOC-(Appellation d'Origine Contrôlée)-zertifiziertes Geflügel aus der Bresse kommt von Geflügelhöfen, die nicht mehr als 200 Tiere halten. Pro Tier werden 9 Quadratmeter Auslauf gerechnet. Dank der Rahm- und Maisfütterung hat dieses Hühnerfleisch beste Qualität. Konzipiert wurde diese Haltung von Jean Claude Mieral und Jean-Paul Bocuse, dem Altmeister der französischen Nouvelle Cuisine.

**Ente**
Enten sind dank ihres Geschmacks seit jeher eine Delikatesse. Die weibliche Ente wird mit 16 Wochen geschlachtet, die männliche Ente mit 18 Wochen. Das sehr rote Fleisch ist in diesem Alter geschmacksintensiv und zart.

**Pute**
Als Pute wird der weibliche Haustruthahn bezeichnet. Beliebt ist vor allem die Putenbrust, da sie einen sehr geringen Fettanteil hat und mild im Geschmack ist. Man sollte sich vor dem Kauf über die artgerechte Bodenhaltung bei der Putenmast informieren.

180 °C
40–45 Minuten
Indirekt

160 °C
30 Minuten
Indirekt

### Profi-Tipp

Verwenden Sie ein Messer mit schlanker Klinge, wenn Sie in die Hühnerfilets eine Tasche schneiden!

### Zutaten für 4 Personen

4 Hühnerfilets à 160 g
Adi Matzeks Geflügelgrillgewürz oder kräuterbetontes Geflügelgewürz

**Für die Füllung**
2 Brötchen vom Vortag
1 Ei
125 ml Milch oder Sahne
Salz
frisch gemahlener Pfeffer
frisch geriebene Muskatnuss
etwas Petersilie
16 Walnusskerne, grob gehackt
20 g flüssige Butter

# Gefüllte Hühnerbrust

Adi Matzek

1 In das Hühnerbrustfilet eine Tasche schneiden und von außen gut würzen.

2 Für die Füllung die Brötchen entrinden und in 1 Zentimeter große Würfel schneiden.

3 Das Ei mit Milch oder Sahne gut verrühren und mit Salz, Pfeffer, Muskat und gehackter Petersilie über die Brotwürfel gießen. Die Walnüsse und die Butter dazugeben, alles zusammen nochmals gut vermischen und dann etwa 30 Minuten ruhen lassen.

4 Die Füllung in einen Dressiersack geben und die aufgeschnittenen Hühnerbrustfilets damit füllen. Indirekt bei 180 °C etwa 40–45 Minuten grillen.

### Zutaten für 4 Personen

4 Hühnerbrustfilets
1 unbehandelte Limette

**Für die Chermoula**
2 EL Kreuzkümmelsamen
2 EL Korianderkörner
½ Bund frische Minze
2 Zehen Knoblauch, fein gehackt
1 Zwiebel, fein gehackt
1 TL Kurkumapulver
2 TL edelsüßes Paprikapulver
½ TL Cayennepfeffer
6 EL Olivenöl
Salz
frisch gemahlener Pfeffer

# Hühnerrouladen mit Chermoula

Adi Matzek

1 Die Kreuzkümmelsamen zusammen mit den Korianderkörnern im Mörser zerstoßen. Die Minze waschen, die Blätter abzupfen und fein hacken.

2 Die zerstoßenen Gewürze mit der Minze, dem fein gehackten Knoblauch und der Zwiebel vermengen. Das Kurkuma- und Paprikapulver sowie den Cayennepfeffer dazugeben. Schließlich das Olivenöl unterrühren, kräftig mit Salz und Pfeffer abschmecken.

3 Die vier Hühnerbrustfilets zu Schnitzeln aufschneiden, beidseitig mit der Chermoula bestreichen, zu einer Roulade einrollen und einige Stunden marinieren lassen.

4 Die Rouladen indirekt 30 Minuten bei etwa 160 °C grillen.

NAPOLEON
Elite

185 °C

45 Minuten

Indirekt / Spieß

## Profi-Tipp

Ist ein Spießgrill an Ihrem Grill verbaut, können Sie diesen natürlich auch verwenden. So macht sich der »Flattermann« dann quasi von ganz alleine ...

## Zutaten für 4 Personen

1 Bressehuhn
Salz, frisch gemahlener Pfeffer
1 Dose Bier

**Für die Brine**

1 l Wasser
125 g Salz
125 g Zucker

**Für die Marinade**

1 Zwiebel, gehackt
150 g Schalotten, gehackt
2 Zehen Knoblauch, fein gehackt
½ TL gerebelter Thymian
1 ½ TL Salz
1 ½ TL gemahlenes Piment
½ TL Zimt
60 g Jalapeños, gehackt
1 TL frisch gemahlener schwarzer Pfeffer
3 Tropfen »Scharf wie die Sau«-Sauce vom Grillsportverein
2 EL Sojasauce
250 ml Sonnenblumenöl
¼ TL frisch geriebene Muskatnuss

# Beer Can Chicken

Grillsportverein

1 Das Huhn waschen und von den Innereien befreien. In einer großen Schüssel für die Brine mit 1 Liter Wasser das Salz und den Zucker auflösen. Das Huhn mindestens 18 Stunden in die Brine einlegen, dadurch wird das Fleisch noch zarter.

2 Danach das Fleisch trocken tupfen und auf die fast gefüllte Bierdose oder den Napoleon-Hühnersitz setzen. Die Hühnerfüße mit Alufolie einwickeln, den offenen Halsansatz mit einem Faden oder Zahnstocher fixieren und leicht mit Salz und Pfeffer bestreuen.

3 Für die Marinade alle Zutaten miteinander vermengen.

4 Das Hühnchen nun indirekt insgesamt etwa 45 Minuten bis zu einer Kerntemperatur von 75 °C grillen. Nach etwa 20 Minuten mehrmals mit einem Napoleon Silikongrillpinsel mit der Marinade bestreichen.

5 Wer sein Huhn nicht so scharf haben möchte, verwendet weniger Jalapeños und weniger »Scharf wie die Sau«-Sauce. Statt der Bierdose oder des Hühnersitzes kann auch ein Spießgrill eingesetzt werden.

185 °C

90 Minuten

Indirekt

## Profi-Tipp

Die Kiste aus unbehandeltem Holz bauen und dabei keinen Holzleim, sondern Nägel oder Schrauben verwenden. Die Holzkiste vor dem Grillen mindestens 3 – 4 Stunden wässern. Die selbst gezimmerte Kiste kann in der Regel mehrmals verwendet werden.

### Zutaten für 4 Personen

2 Bressehühner

**Für die Brine**
60 g Salz
2 Flaschen Sleeman Original Dark Ale oder dunkles Bier

**Für die Füllung**
1 unbehandelte Zitrone, halbiert
4 Schalotten, geschält
4 Zehen Knoblauch, geschält
4 Stängel Oregano

2 Pastinaken, in Scheiben geschnitten
2 Karotten, in Scheiben geschnitten
1 Porreestange, geputzt und in Scheiben geschnitten
1 Zwiebel, in Scheiben geschnitten
Salz
frisch gemahlener Pfeffer
2 EL Sweet-Spice-Gewürz
½ Flasche Sleeman Original Dark Ale oder dunkles Bier

# Hühnchen in der Kiste

Ted Reader

1 Die Hühner unter kaltem Wasser abspülen, die Innereien entnehmen. Für die Brine in einen großen Behälter das Salz in 1 Liter kaltes Wasser und in das Bier geben. Das Salz löst sich bei kräftigem Rühren auf. Die Hühner 1 Tag in der Brine einlegen; sie sollten idealerweise in einer verschlossenen Kiste im Kühlschrank gelagert werden.

2 Am folgenden Tag die Hühner erneut mit kaltem Wasser abspülen und mit Küchenpapier trocken tupfen. Die Hühner mit den Zitronenhälften, den Schalotten, dem Knoblauch und Oregano füllen, die Hühnerbeine dabei mit Bindfaden zusammenbinden.

3 Die Pastinaken-, Karotten-, Porree- und Zwiebelscheiben auf den Boden der Holzkiste schichten. Nach Geschmack mit Salz und Pfeffer würzen. Die Hühner von außen mit Sweet-Spice-Gewürz einreiben, mit dem Bier beträufeln.

4 Die Hühner in die Kiste setzen und bei mittlerer Hitze und geschlossenem Holzdeckel etwa 90 Minuten grillen, bis sie eine Kerntemperatur von mindestens 85 °C erreicht haben.

175 °C

10–12 Minuten je Seite

Direkt / Indirekt

### Profi-Tipp

Man kann die Hühnerkeulen auch als Fingerfood servieren. Hierfür bei der Vorbereitung einige Zentimeter vom Knochen freilegen, sodass man – mit oder ohne Serviette – die Keulen gut halten kann.

## Zutaten für 4 Personen

12 Hühnerkeulen
12 Scheiben Speck, z.B. Bauchspeck

**Für den Rub**

60 g Kräuter und Gewürze nach Belieben
1 Chipotle in Adobo-Sauce, gehackt
1 Scotch-Bonnet-Chili (Schottenmütze), entkernt und gehackt
1 TL Sambal Oelek

**Für die Marinade**

4 Knoblauchzehen, gehackt
125 g brauner Zucker
60 g Maissirup
2 EL weißer Weinessig
1 EL frische, gehackte Kräuter (Petersilie, Salbei, Rosmarin etc.)
60 g Dijonsenf
2 EL Senfkörner
Salz
frisch gemahlener schwarzer Pfeffer

# Hühnerkeulen im Speckmantel

Ted Reader

1 Aus Kräutern, Chipotle, Scotch-Bonnet-Chili und Sambal Oelek einen Rub herstellen, die Hühnerkeulen damit einreiben. Achtung: Chipotle unbedingt nur mit Handschuhen anfassen und diese nicht in Kontakt mit den Augen oder Schleimhäuten bringen!

2 Um jede Keule eine Scheibe Speck wickeln und mit einem Zahnstocher befestigen. Die Keulen nun mindestens 4 Stunden oder über Nacht in Frischhaltefolie gewickelt in den Kühlschrank legen.

3 In einer Schüssel Knoblauch, braunen Zucker, Maissirup, Essig, Kräuter, Dijonsenf und Senfkörner zu einer Marinade verrühren. Mit Salz und Pfeffer würzen. Ein Drittel als Sauce beiseite stellen. Mit dem Rest die Keulen großzügig bestreichen.

4 Die Keulen kann man in einen Napoleon Multi-Basket legen, ansonsten die Keulen auf dem Grillrost bei etwa 175 °C 10–12 Minuten je Seite grillen. Falls der Speck zu früh knusprig wird, den Brenner ausschalten und die Keulen indirekt weitergaren. Die Keulen dann aus dem Grillkorb nehmen und mit der restlichen Sauce servieren.

## Profi-Tipp

Die Wings können auch in einem Verschlussbeutel mit dem Hot-and-spicy-Gewürz vermengt werden.

175 °C

20–25 Minuten

Indirekt / Rotisserie Tumle Basket

# Buffalo Wings

Ted Reader

### Zutaten für 6–8 Personen

1,8 kg Hühnchenflügel, Spitzen entfernt, am Gelenk halbiert
60 g Hot-and-spicy-Gewürz

**Für die Sauce**
1 EL Pflanzenöl
1 kleine Zwiebel, fein gewürfelt
2–3 Scotch-Bonnet-Chili (Schottenmütze), entkernt, gehackt
2 Frühlingszwiebeln, in dünne Scheiben geschnitten
125 ml Honig
1 EL Worcestersauce
1 EL frischer, gehackter Koriander
Salz
frisch gemahlener schwarzer Pfeffer nach Belieben

**Für den Dip**
250 g Mayonnaise
250 g saure Sahne, 10 % Fettgehalt
2 EL Zitronensaft
250 g zerbröckelter Blauschimmelkäse
2 TL Worcestersauce
½ TL Salz
2 Frühlingszwiebeln, fein gehackt
frisch gemahlener schwarzer Pfeffer nach Belieben

1 Die Flügel in kaltem Wasser abspülen und mit Küchenpapier trocken tupfen. In eine große Schüssel geben, mit Hot-and-spicy-Gewürz einreiben und 2 Stunden in den Kühlschrank stellen.

2 Für die Sauce die Zwiebel, Chili und Frühlingszwiebeln 3–5 Minuten in einer gusseisernen Pfanne anbraten. Den Honig und die Worcestersauce hinzufügen, gemeinsam zum Kochen bringen. Die Hitze reduzieren und 5 Minuten köcheln lassen. Unter Rühren mit Koriander, Salz und Pfeffer abschmecken.

3 Die Wings 20–25 Minuten in einem Rotisserie Tumble Basket am Backburner grillen oder auf den Grillrost legen und indirekt unter mehrmaligem Wenden grillen.

4 Die Dipzutaten mit 60 ml kaltem Wasser mischen und mit einer Küchenmaschine zerkleinern. Den Dip zu den Wings reichen.

180 °C

15 Minuten

Indirekt / Direkt

## Profi-Tipp

Grillmeister zu sein ist stressig? Absolut falsch. Wer sich auf die Barbecue-Session gut vorbereitet, hat genug Zeit für seine Gäste.

### Zutaten für 4 Personen

4 Hähnchenoberschenkel
Napoleon-BBQ-Gewürz
2 Kohlrabi
Sweet-Chili-Sauce
1 TL Noilly Prat
2 EL Olivenöl
1 Prise Salz
4 Scheiben Toastbrot

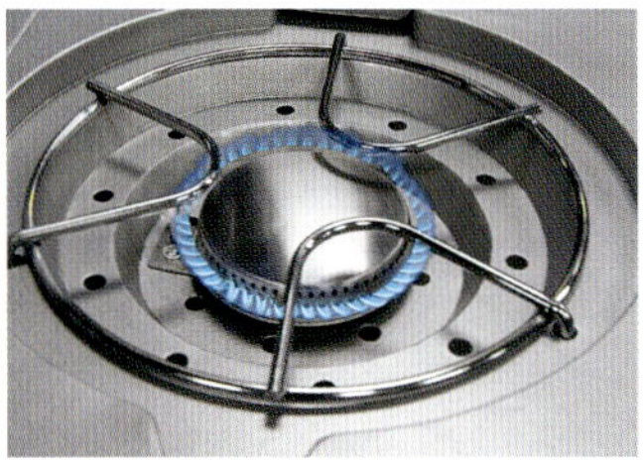

Der Seitenbrenner vervollständigt die Outdoor-Küche: Erhitzen von Saucen oder Braten in gusseisernen Pfannen ist so auch mit dem Grill möglich.

# Ballotine

Andreas Rummel

1 Die Knochen aus den Hähnchenoberschenkeln (Ballotines) auslösen. Das Fleisch mit Napoleon-BBQ-Gewürz würzen und wieder zusammenwickeln. Danach aufspießen und etwa 15 Minuten auf den Grill legen.

2 Den Kohlrabi mit einem Spirali (Gemüseschneidemaschine) schneiden, mit Sweet-Chili-Sauce, Noilly Prat und Olivenöl sowie eine Prise Salz in eine Aluschale geben. Das Ganze mit Alufolie abdecken und etwa 15 Minuten indirekt grillen.

3 Die Rinde vom Toastbrot schneiden und die Scheiben mit einem Nudelholz ausrollen. Anschließend auf dem Grill toasten.

4 Die Kohlrabispaghetti mit einer Gabel eindrehen und als Nest auf das Toastbrot geben. Die Ballotine in der Mitte teilen und darüberlegen.

NAPOLEON

## Profi-Tipp

Die Putenbrust schmeckt so zubereitet auch kalt sehr gut. Dazu dünne Scheiben über einem knackigen Salat mit Dressing servieren.

120–130°C

1 ½ Stunden

Smoker

# Gekräuterte Putenbrust

Adi Matzek

1 Das Putenbrustfleisch teilen, wo es sich natürlich trennt, sodass sich ein größeres und ein kleineres Stück ergibt. Sichtbare Sehnenansätze bis einige Zentimeter ins Fleisch hinein entfernen.

2 Die Putenbruststücke mit den Gewürzen trocken einreiben und mit etwas Olivenöl übergießen. Alles einmassieren und über Nacht kalt stellen.

3 Am folgenden Tag vor dem Grillen noch einen halben Teelöffel feines Meersalz über die Putenbrust geben. Die Bruststücke sollten unbedingt einige Stunden vor dem Grillvorgang aus dem Kühlschrank genommen werden, damit sie Raumtemperatur annehmen können.

4 Den Apollo-Smoker mit Holzkohlebriketts auf 120–130 °C vorheizen. Die Kohle auf dem Kohlerost an die rückwärtige Wand platzieren und die Putenbrust vorne auf den obersten Ring legen. Damit die Putenbrust nicht austrocknet, kann auf den unteren Ring eine Aluschale mit etwas Wein oder Wasser gestellt werden. Es reicht aber aus, wenn der Boden der Schale leicht bedeckt ist. Wood Chips erzielen während des Garvorgangs ein leichtes, aber sehr angenehmes Raucharoma.

5 Das Fleisch im Apollo-Smoker bei 120–130 °C etwa 1,5 Stunden garen. Die Kerntemperatur sollte 60–63 °C betragen.

## Zutaten für 4 Personen

1 kg Putenbrust
2 TL Adi Matzeks Geflügelgewürz oder Kräuter nach Belieben
1 TL Adi Matzeks Fischgrillgewürz oder Kräuter nach Belieben
½ TL feines Meersalz
30 ml Olivenöl

230 °C

5–6 Minuten

Direkt

## Profi-Tipp

Die aromatischen Wachteln können auch als Fingerfood serviert werden. Die Mangosauce wird dann einfach zum Dip.

# Gegrillte Wachtel auf Mangosauce

Ted Reader

### Zutaten für 6 Personen

12 Wachteln
60 g Napoleon-BBQ-Gewürz
60 ml Olivenöl

**Für die Mangosauce**
60 ml trockener Weißwein
60 ml Ahornsirup
175 ml Mango-BBQ-Sauce
1 EL frisch gemahlener schwarzer Pfeffer
1 EL frischer, gehackter Thymian
2 EL kalte ungesalzene Butter, in kleine Stücke geschnitten
60 ml Southern-Comfort-Likör
1 leicht grüne Mango, geschält, entkernt und in Scheiben geschnitten

1 Bitten Sie den Metzger, die Wachteln im Schmetterlingsstil aufzuschneiden, dabei werden Rückrat und Rippenkäfig entfernt. Das Napoleon-BBQ-Gewürz gut in die Wachteln einmassieren. Die Wachteln kreuzweise mit Metall- oder gewässerten (mindestens 4 Stunden) Bambusspießen x-förmig aufspießen und mit Olivenöl bestreichen.

2 Für die Mangosauce in einem kleinen Topf den Weißwein, Ahornsirup, die Mango-BBQ-Sauce sowie Pfeffer und Thymian verquirlen. Das Ganze bei mittlerer Hitze unter ständigem Rühren erhitzen. Den Topf vom Herd nehmen und in die Sauce mit einem Schneebesen die kalte Butter bröckchenweise einrühren. Dann beiseite stellen und warm halten.

3 Die Wachteln auf den Grill geben und währenddessen den Southern Comfort zur Mangosauce geben. Erneut köcheln lassen, sodass sich die Flüssigkeit reduziert. Nach Belieben kleine Mangostücke unterheben.

4 Die Wachteln mit der Hautseite nach unten 5–6 Minuten direkt grillen. Sie sind fertig, wenn aus den gespießten Schenkeln Wasser läuft. Mit der Mangosauce servieren.

185 °C

45 Minuten

Direkt / Spieß

### Profi-Tipp

Je nach Länge des Grillspießes passen oft bis zu vier Hühner auf den Spieß. Lagern Sie Spieß und Motor immer im Haus.

### Zutaten für 4 Personen

1 Perlhuhn
Salz
frisch gemahlener weißer Pfeffer
70 g Butter
4 EL Öl
2 cl Weinbrand oder Cognac
3 EL Ananassaft aus der Dose
1 TL Speisestärke
2 Bananen, geschält und halbiert
Petersilie zum Garnieren

Der rückseitige Infrarotbrenner ist für Spießgerichte ideal, er erzeugt jedoch eine große Temperatur und sollte am Anfang beim Spießgrillen nach Bedarf heruntergeregelt werden.

# Perlhuhn am Spieß

Grillsportverein

1 Die Perlhühner innen und außen waschen, dann trocken tupfen. Das Fleisch innen und außen mit Salz und weißem Pfeffer einreiben oder ein Hähnchengewürz verwenden.

2 Die Perlhühner aufspießen und mit Lebensmittelschnur festbinden. Die Hühner dann mit 50 Gramm zerlassener Butter und danach mit etwas Öl bestreichen. Eine Fettpfanne unter das Perlhuhn in den Grill stellen und das Perlhuhn etwa 45 Minuten grillen. Dabei darauf achten, dass der Backburner am Grill nicht zu viel Hitze erzeugt.

3 Den aufgefangenen Bratfond mit 125 Milliliter heißem Wasser loskochen und Weinbrand sowie Ananassaft hinzufügen.

4 Die Speisestärke in etwas kaltem Wasser anrühren, in die Sauce gießen und unter Rühren aufkochen lassen. Mit Salz und Pfeffer abschmecken.

5 In einer gusseisernen Pfanne die restliche Butter schmelzen und die Bananenhälften darin auf jeder Seite etwa 5 Minuten goldbraun braten.

6 Die Perlhühner tranchieren und auf einer vorgewärmten Platte mit den gebratenen Bananen und der Petersilie anrichten.

180 °C

25 Minuten

Indirekt

### Profi-Tipp

Durch das rautenförmige Einschneiden der Haut schmilzt das Fett besser und die Entenbrust wird knuspriger.

Prestige PRO PRO600

### Zutaten für 6 Personen

2 Entenbrustfilets
1 Steckrübe, geputzt und gehobelt
100 g Butter
3 Stängel Zitronengras
Salz
frisch gemahlener Pfeffer
1 Msp. frisch geriebene Muskatnuss
1 säuerlicher Apfel (etwa Granny Smith)
1 Ciabattabrot

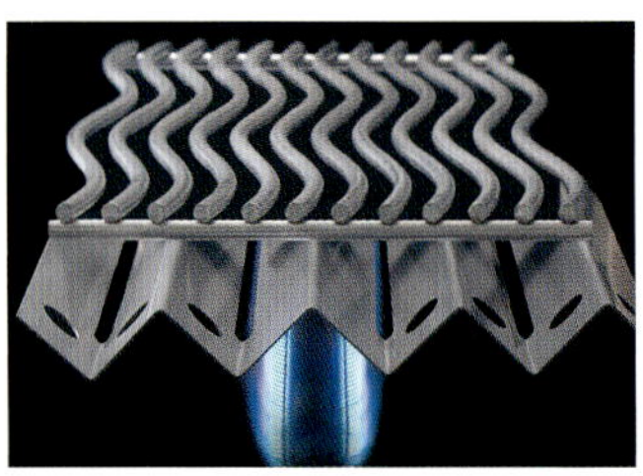

Die speziell geformten Edelstahlflammenschutzeinsätze verhindern, dass Fett vom Grillgut auf die Brenner tropft, die Wave-Edelstahlroste sind besonders massiv gebaut, auch ist dieser Grill als Erdgasvariante erhältlich.

# Entenbrust auf Steckrübe

Andreas Rummel

1 Die Entenbrustfilets gut waschen und trocken tupfen, dann eventuell überstehendes Fett abschneiden. Mit einem scharfen Messer die Filets auf der Hautseite parallel mit etwa 1 Zentimeter Abstand rautenförmig leicht einschneiden.

2 Die Ente mit der Hautseite auf den Gussrost legen. Den Grilldeckel schließen und die Brust nach 10 Minuten drehen. Nach weiteren 10 Minuten wieder die Hautseite nach oben legen und dann nochmals 5 Minuten grillen.

3 Unterdessen für das Gemüse eine Tüte aus Alufolie formen. Die gehobelte Steckrübe mit Butter, Zitronengras, Salz, Pfeffer und Muskat in der Tüte garen und zum Schluss den säuerlichen Apfel darunter reiben.

4 Das Ciabattabrot in Scheiben schneiden und die Scheiben von beiden Seiten anrösten. Das Gemüse darauf verteilen. Dann das Fleisch in dünne Scheiben schneiden und portionsweise auf das Steckrübengemüse geben.

# Aus dem Wasser – Fisch und Meeresfrüchte

# Marinaden für Fisch und Meeresfrüchte

## Fischmarinade für 4 Forellen

**Zutaten**

150 ml Rotwein
1 TL Zucker
2 EL Senf
Salz
4–6 Pfefferkörner, zerdrückt
1 TL getrockneter Rosmarin
1 TL getrockneter Thymian
4 Lorbeerblätter
1 EL Öl

Wein, Zucker, Senf, Salz und die zerdrückten Pfefferkörner mit der Hälfte der getrockneten Kräuter vermischen. Je ein Lorbeerblatt in die Fische legen und diese in der Marinade ziehen lassen.

## Thailändische Fischmarinade

**Zutaten**

90 g frischer Koriander
1 EL süße Chilisauce
2 TL Sesamöl
2 Zehen Knoblauch, zerdrückt
1 EL Sojasauce
1 EL thailändische Fischsauce
3 Frühlingszwiebeln, fein gehackt
2 TL frischer Ingwer, gerieben
1 EL Limettensaft
1 TL brauner Zucker

Den Fisch mit dem Koriander füllen und in ein flaches Gefäß legen, danach die restlichen Zutaten in einer Schüssel gründlich vermischen und den Fisch damit übergießen. Mit Frischhaltefolie abdecken und 2–3 Stunden im Kühlschrank stehen lassen.

## Weißweinmarinade

**Zutaten**

4 EL trockener Weißwein
⅛ l Kräuteressig
4 EL Öl
1 TL Thymian, gehackt
1 TL grüne Pfefferkörner, zerdrückt
1 Lorbeerblatt, zerbröselt
1 kleine Zwiebel, fein gehackt
2 EL Petersilie, gehackt
½ TL Salz
1 Stück Ingwer, fein geschnitten

Alle Zutaten in einem Topf vermengen, kurz aufkochen und dann abkühlen lassen. Den Fisch oder Krustentiere 3 Stunden darin marinieren.

**Fisch und Meeresfrüchte: Empfehlungen**

Gegrillte Fischgerichte sind mittlerweile ein fester Bestandteil im Repertoire eines guten Grillers. Sie sind in der Regel leicht zu handhaben und allseits beliebt. Der Haken ist oft nur die Beschaffung guten, frischen Fischs. Allerdings findet sich nun öfters auch in der gut sortierten Kühltheke adäquate TK-Qualität.

**Hummerschwänze**

Hummer wachsen in kalten Gewässern besonders langsam, sodass das Fleisch eine gleichbleibend feste Struktur herausbildet. Unterschiede ergeben sich erst nach dem Fang: Werden die Hummer sofort gekocht, lebend gehalten oder die Hummerschwänze ungekocht weiterverkauft? Am besten wird Hummer frisch zubereitet.

Bei lebenden Tieren ist für die Qualität ausschlaggebend, wie lange der Hummer schon in Gefangenschaft gelebt hat. Dort nimmt der Hummer nämlich keine Nahrung mehr zu sich. Man erkennt die Dauer daran, ob das Fleisch noch fest am Panzer anliegt oder ob der Körper sich schon vom Panzer gelöst hat.

**Gambas**

Gambas gibt es in verschiedenen Arten und Größen. Außergewöhnlich ist die wild gefangene Gamba Carabiniero. Sie besticht nicht nur durch ihre tiefrote Farbe, sondern auch durch ihr festes, nussig schmeckendes Fleisch.

**Jakobsmuscheln**

Jakobsmuscheln sind aus der Gourmetküche nicht wegzudenken. Wie bei allen Meeresfrüchten sollten die Fangmethoden umwelt- und artenschonend sein. Auch gezüchtete Jakobsmuscheln können sehr gute Qualität haben.

**Black-Tiger-Garnelen**

Black-Tiger-Garnelen stammen überwiegend aus Aquakulturen. Achten Sie beim Kauf auf nachhaltige Aufzucht. Am besten wachsen Black-Tiger-Garnelen in natürlichen Meeresflussmündungen. Dort werden nur Netze zur Abgrenzung verwendet, die in das nährhaltige Wasser gelassen werden. Die Tiere erhalten dann keine weitere Zufütterung, sodass sie ganz natürlich die gewünschte Größe erreichen.

180 °C

8–10 Minuten

Indirekt

### Profi-Tipp

Sogenannte Gillardeau-Austern des Austernzüchters Gerd Gillardeau sind aufgrund ihrer hohen Qualität besonders zu empfehlen.

## Zutaten für 6 Personen

12 Austern

**Für die Sauce**

100 g Butter
1 TL Wasabicreme
Abrieb von 1 unbehandelten Zitrone
1 TL frischer Estragon, fein geschnitten
Fleur de Sel
frisch gemahlener schwarzer Pfeffer
etwas Schnittlauch, in Röllchen geschnitten

# Gegrillte Austern

Andreas Rummel

1 Aus etwas Alufolie eine Schiene formen, damit die Austern aufrecht auf dem Rost stehen können und später das Wasser nicht ausläuft.

2 Die Austern auf den Grill legen und den Deckel schließen. Die Austern öffnen sich nach 8–10 Minuten.

3 Für die Sauce Butter, Wasabicreme und den Abrieb einer ganzen Zitrone mit dem frischen Estragon verrühren. Dann mit Fleur de Sel und Pfeffer abschmecken.

4 Das Wasser aus den geöffneten Austern abgießen und je einen Teelöffel Butter darübergegeben. Nun noch ein paar Röllchen Schnittlauch darauf garnieren.

NAPOLEON
GOURMET GRILLS
Prestige
PRO

140–160 °C

6–10 Minuten

Direkt / Indirekt

### Profi-Tipp

Champignons nicht waschen, da sie sich wie ein Schwamm vollsaugen.

# Jakobsmuscheln mit Champignons

Andreas Rummel

### Zutaten für 4 Personen

4 Jakobsmuscheln
4 mittelgroße Champignons (so groß, dass ein Stück Muschelfleisch hineinpasst)
1 Prise Fleur de Sel
1 Prise frisch gemahlener schwarzer Pfeffer
Olivenöl extra vergine
4 Scheiben Toastbrot

**Für die aromatisierte Butter**

100 g Butter
1 Msp. Senf
1 TL Thymian
1 unbehandelte Zitrone, Abrieb

1 Die Jakobsmuscheln mit Küchenpapier abtupfen, salzen, pfeffern und mit ein paar Spritzern Olivenöl beträufeln. Die Champignons mit einer weichen Bürste reinigen und den Stiel entfernen.

2 Die Butter, den Senf mit den Thymianblättchen in einen stabilen Gefrierbeutel geben, den Zitronenabrieb dazugeben und alles in der Tüte vermengen.

3 Die Rinde des Toastbrotes entfernen. Die Brotscheibe mit einem Nudelholz auswalzen.

4 Nun die Jakobsmuscheln, die Champignons und das Brot von beiden Seiten angrillen. Einen Teelöffel aromatisierte Butter in die Champignons geben, die Jakobsmuscheln darauf setzen und noch einmal 2 Minuten bei geschlossenem Deckel grillen.

5 Aus dem Toastbrot ein etwa drei Zentimeter großes Loch ausstechen. Je einen Champignon mit der Muschel dort hineinsetzen und mit Olivenöl und Zitronensaft beträufeln sowie etwas Pfeffer und Salz darüberstreuen.

230 °C

3–5 Minuten je Seite

Direkt

## Profi-Tipp

Frische Jakobsmuscheln erkennt man daran, dass sie geschlossen sind. Die Innereien müssen vor der Zubereitung komplett entfernt werden. Es wird meist nur der weiße, zylindrische Muskelstrang verwendet. Auch der Rogensack gilt als Delikatesse.

Mirage M730RSBI

## Zutaten für 4 Personen

16 große Jakobsmuscheln
16 Scheiben Räucherspeck
2 EL Napoleon-Fischgewürz

Die ausgesprochen starke Jetfire-Zündung am Mirage sorgt für einen schnellen und reibungslosen Zündvorgang bei jedem Brenner einzeln.

# Jakobsmuscheln im Speckmantel

Ted Reader

1 Den Speck 3–4 Minuten je Seite scharf in einer gusseisernen Pfanne oder auf einer Gussplatte angrillen, um den Großteil des Fetts zu verbrennen. Den Speck vom Grill nehmen, bevor er anfängt, braun zu werden. Mit Küchenpapier trocken tupfen und beiseite stellen.

2 Die Jakobsmuscheln in dem Napoleon-Fischgewürz wenden. Dann je ein Stück Speck um jede Muschel wickeln, dieses mit einem Zahnstocher fixieren und die Jakobsmuscheln in Frischhaltefolie eingeschlagen etwa 30 Minuten in den Kühlschrank legen.

3 Abschließend die Jakobsmuscheln direkt 3–5 Minuten pro Seite grillen, bis sie durch sind und der Speck knusprig ist. Danach sofort servieren.

230 °C

3–4 Minuten je Seite

Indirekt

## Profi-Tipp

Nach dem Waschen die entschalte Garnele am Rücken einschneiden und den schwarzen, fadenförmigen Darm entfernen.

### Zutaten für 4 Personen

16 Jumbo-Garnelen
(14–18 Stück pro kg)

**Für die Marinade**
1 kleine rote Zwiebel, fein gehackt
2 Jalapeños, entkernt, fein gehackt
3 Zehen Knoblauch, gehackt
120 ml kalt gepresstes Olivenöl
60 ml Honigsenf
60 ml frisch gepresster Zitronensaft
16 getrocknete Aprikosen, halbiert
8 Frühlingszwiebeln, halbiert

**Für die Erdnusssauce**
60 ml Erdnussbutter
60 ml ungesüßte Kokosmilch
30 ml Reisessig
30 ml Sojasauce
30 ml süßer Reiswein (Mirin) oder trockener Sherry
1 TL frischer Koriander, gehackt
2,5 ml geröstetes Sesamöl
1 Limone, Saft
2 Zehen Knoblauch, gehackt
1 rote Chili, entkernt, gehackt
15 ml Pflanzenöl

# Jumbo-Garnelenspieße sweet and spicy

Ted Reader

1 Die Zwiebel in einer gusseisernen Pfanne 2–3 Minuten anbraten, die Jalapeños und den Knoblauch dazugeben und weitere 2–3 Minuten anbraten, jedoch nicht braun werden lassen.

2 Die Zutaten in eine Schüssel geben und mit dem Olivenöl, Senf und Zitronensaft vermengen, abkühlen lassen. Die Garnelen zu den Aprikosen und Frühlingszwiebeln geben und 4–6 Stunden kühlen.

3 Acht lange Holzspieße über Nacht wässern und dann auf jeden der Spieße je zwei Aprikosen, zwei Garnelen und zwei Zwiebelhälften stecken.

4 Für die Sauce die Erdnussbutter 10–20 Sekunden bei hoher Leistung in die Mikrowelle stellen, damit sie weich wird. In einer Küchenmaschine mit 60 Milliliter warmem Wasser, Kokosmilch, Reisessig, Sojasauce, Reiswein, Koriander, Sesamöl, Limonensaft, Knoblauch und Chili vermischen. Dabei langsam das Öl einfließen lassen, um eine glatte Masse zu erhalten.

5 Dann die Garnelenspieße 3–4 Minuten von jeder Seite grillen, dabei mit der Marinade bestreichen und mit der Erdnussauce servieren.

175 °C

4–5 Minuten je Seite

Indirekt

## Profi-Tipp

Achten Sie beim Kauf von Garnelen darauf, dass diese nicht nach Fisch riechen, da sie dann nicht mehr frisch sind.

### Zutaten für 4 Personen

12–16 sehr große Tigergarnelen (4–6 pro kg), geschält und geputzt, mit Schwanz
125 ml Sambuca
60 ml frisch gepresster Limettensaft
1 EL Knoblauch, püriert
1 EL frischer Ingwer, püriert
½ TL Kurkuma

**Für die pikante Tomatencreme**

250 g passierte Tomaten
30 ml Kokosöl oder Pflanzenöl
1 TL gelbe Senfkörner
½ TL Bockshornkleesamen
2 TL Curry
2 TL Chilipulver
1 TL Kurkuma
1–2 Scotch-Bonnet-Chilis (Schottenmütze), gehackt
3 Zehen Knoblauch, gehackt
2 TL frischer Ingwer, geschält und geraspelt
3 mittelgroße Zwiebeln, gehackt
2 TL Tamarindenpaste
60 ml Schlagsahne, 35 % Fett

# Tigergarnelen mit Sambuca

Ted Reader

1 Den Sambuca in eine Injektionsnadel ziehen. Die Nadel ein- oder zweimal an die Garnelen legen und etwa 15 Milliliter in jede Garnele spritzen.

2 Limettensaft, Knoblauch, Ingwer und Kurkuma mischen und die Garnelen damit bestreichen. Die Garnelen abgedeckt 1 Stunde in den Kühlschrank stellen.

3 Für die Tomatencreme in einem großen Topf das Kokosöl bei mittlerer Hitze erwärmen und Senfkörner, Bockshornkleesamen, Curry, Chilipulver und Kurkuma unter Rühren hinzugeben, 1 Minute weiter rühren. Die Chilis, den Knoblauch und Ingwer in etwa 1 Minute hineinrühren.

4 Die Zwiebeln in einer gusseisernen Pfanne anbraten, bis sie golden sind, und mit den passierten Tomaten, der Tamarindenpaste und 125 ml Wasser in den Topf geben. Alles weitere 15 Minuten erhitzen. Dann die Hitze abschalten und die Sahne einrühren.

5 Die Garnelen 4–5 Minuten pro Seite grillen und mit der warmen Tomatencreme servieren.

180 °C

5–8 Minuten

Indirekt

### Profi-Tipp

Da Sie grüne Muscheln nur als tiefgefrorene Ware beziehen können, sollten Sie diese nach dem Auftauen umgehend verbrauchen.

# Grüne Muscheln

Andreas Rummel

### Zutaten für 4 Personen

12 Muscheln
100 g Parmesan
etwa 60 g Butter

1 Die Muscheln mit einem scharfen Messer mit stabiler Klinge hebelnd öffnen.

2 Den Parmesan darüberreiben und die Muscheln bei mittlerer Hitze 5–8 Minuten auf den Grill legen, bis der Parmesan zerlaufen ist.

3 Auf jede Muschel noch einen halben Teelöffel Butter geben.

NAPOLEON
GAS GRILLS
CE
359
NAPOLEON APPLIANCE CORP.
214 BAYVIEW DRIVE, BARRIE, ONTARIO, CANADA
SERIAL # CE215-07606
MODEL PTSS215P
4.1 KW (295 g/h)
MADE IN CANADA

175 °C

20 Minuten

Indirekt

### Profi-Tipp

Die Planke können Sie entweder fertig von Napoleon beziehen oder beim Schreiner wie gewünscht zusägen lassen. Die Löcher werden auf halbe Brettstärke gebohrt. Am besten trockene Bretter aus Zedern- oder Kirschbaumholz verwenden.

# »Heilige« Makrelen auf der Planke

Ted Reader

### Zutaten für 2 Personen

2 ganze Makrelen (1 – 1,5 kg), gereinigt, ausgenommen
260 ml Whiskey (Jack Daniels)
3 dicke Scheiben doppelt geräucherter Speck
1 Porreestange, geputzt und gewürfelt
Salz
frisch gemahlener schwarzer Pfeffer
Butter
scharfe Pfeffersauce

1 Eine Napoleon-Planke 3 – 4 Stunden wässern.

2 Die Makrelen innen und außen mit kaltem Wasser abspülen und danach gut mit Küchenpapier abtrocknen. Die Fische in eine Glasschale legen, 250 Milliliter Whiskey darübergießen und die Makrelen einmal umdrehen. Die Makrelen 1 Stunde in den Kühlschrank stellen.

3 In einer gusseisernen Pfanne auf dem Grill den Speck knusprig braten und den Porree grillen, bis er weich ist. Alles vom Feuer nehmen, den Speck fein schneiden und den Rest des Whiskeys sowie Salz und Pfeffer nach Belieben dazugeben. Die Speckmischung nun in die Makrelen füllen und diese mit Bindfaden zuschnüren.

4 Die Löcher der gewässerten Planke mit Wasser füllen und die Makrelen auf das Holz legen. Die Planke mit den Fischen darauf indirekt bei geschlossenem Deckel etwa 20 Minuten grillen. Die Fische ab und zu mit der restlichen Marinade bestreichen.

5 Abschließend die Makrelen mit etwas Butter und Pfeffersauce servieren.

200 °C

10 Minuten

Direkt

### Profi-Tipp

Um die lebenden Hummer möglichst schnell zuzubereiten, ist in Deutschland nur die im Text beschriebene Methode erlaubt. Achten Sie immer darauf, dass das Wasser die ganze Zeit sprudelnd kocht.

### Zutaten für 4 Personen

2 lebende Hummer

**Für die Gewürzbutter**

50 g weiche Butter
1 TL Zitronenthymian
1 TL Estragon
1 Msp. Vanillemark
frisch gemahlener weißer Pfeffer
Salz
1 unbehandelte Zitrone, Abrieb

# Hummer

## Andreas Rummel

1 Den Atlantikhummer von der amerikanischen Ostküste 1 Minute kopfüber in kochendes Wasser tauchen. Hierbei den Hummer auch wirklich untertauchen.

2 Dann den Hummer im Ganzen etwa 10 Minuten (pro 100 Gramm Hummer 1 Minute) auf den etwa 200 °C heißen Grill legen.

3 Danach 5 Minuten ruhen lassen, aufschneiden, die Scheren knacken und den Darm sowie den Kopfinhalt entsorgen.

4 Die weiche Butter mit den Gewürzen nach Belieben vermischen, auf den heißen Hummer auftragen und mit Zitronenabrieb garnieren.

180 °C

5 Minuten

Direkt

### Profi-Tipp

Wem die Seezunge zu teuer ist, der kann auch Rotzunge verwenden. Diese ist jedoch nicht so geschmacksintensiv.

# Seezungenröllchen

Andreas Rummel

### Zutaten für 4 Personen

400 g Seezungenfilet
4 Scheiben Serranoschinken
frisch gemahlener Pfeffer
1 unbehandelte Zitrone

1 Den Schinken auslegen und leicht pfeffern (Salz ist nicht nötig, da der Schinken schon gesalzen ist). Etwas geriebene Zitronenschale auf den Schinken geben.

2 Das Fischfilet auf die Schinkenscheiben legen und darin einrollen. Dabei darauf achten, dass am Ende der Schinken überlappt.

3 Die Naht gut andrücken und das Ganze mit der Naht nach unten auf den heißen Gussrost legen. Die direkte Hitze der Gussroststäbe »verschweißt« die Naht. Die eingepackte Seezunge etwa 5 Minuten unter mehrmaligem Wenden grillen.

4 Dann den Fisch vom Grill nehmen, die Röllchen schräg schneiden und als Türmchen auf dem Teller anrichten.

5 Bei ganzen Seezungen kann der Rogen mitverwendet werden. Diesen leicht angrillen, in Mehl wenden und den bestaubten Rogen auf einer Gussplatte etwa 7 Minuten grillen.

NAPOLEON
GOURMET GRILLS
FIRE
FOOD
FUN
Andreas Rummel

200 °C
15 Minuten
Indirekt

## Profi-Tipp

Für eine rauchige Note die Rollinos auf einem Zedernbrett grillen!

Prestige II PT750RSIB

### Zutaten für 4 Personen

4 Zanderfilets à 120 g
Salz
frisch gemahlener Pfeffer
100 g frischer Blattspinat
1 Zehe Knoblauch, grob gehackt

In einer Räucherbox erzeugen Wood Chips ein rauchiges Holzaroma auf dem Grillgut. Besonders beim Smoken mit niedriger Temperatur erreichen Sie so den original US-BBQ-Geschmack. Die Holzstücke sollten vor der Verwendung 30 Minuten gewässert werden.

# Gefüllter Zander-Rollino

Adi Matzek

1 Den Zander von seiner Haut befreien: Sie lässt sich nach einem kurzen Messerschnitt an der Seite mit der Hand vorsichtig abziehen.

2 Den Fisch mit Salz und Pfeffer bestreuen.

3 Den frischen Blattspinat und den grob gehackten Knoblauch in einer gusseisernen Pfanne anschwitzen, bis er zusammenfällt.

4 Den Zander mit dem Blattspinat füllen, einrollen und mit einem Zahnstocher fixieren, damit die Rollinos nicht mehr aufgehen. So etwa 15 Minuten indirekt grillen.

## Profi-Tipp

Der Fisch ist gar, wenn sich die Rückenflosse leicht herausziehen lässt.

230 °C

10–12 Minuten je Seite

Direkt

# Regenbogenforelle

Ted Reader

1 Das Zitronengras säubern, von den Enden befreien und die weißen, leicht grünen Gräser zerkleinern.

2 Etwa einen Esslöffel von der Limonenschale abreiben, 15 Milliliter Saft auspressen. Das Zitronengras mit den Kräutern, der Limonenschale und dem -saft, den Apfelraspeln, den Zwiebelscheiben, 175 g zerlassener Butter, dem Panko, Salz und Pfeffer mischen. Diese Füllung in das Innere der Fische geben. Die Fische dabei nicht zu sehr stopfen.

3 Die Forellen nun in einen Fischkorb legen, mit etwas zerlassener Butter bestreichen und die Forellen 10–12 Minuten je Seite direkt grillen. Darauf achten, dass die Haut nicht verbrennt.

4 Dann die Fische vorsichtig aus dem Korb nehmen, mit flüssiger Butter beträufeln. Die Zitrone in Scheiben schneiden und die Fische damit garnieren.

## Zutaten für 4 Personen

2 ganze Regenbogenforellen (1–1,5 kg), gereinigt, mit oder ohne Kopf
4 Stängel frisches Zitronengras
1 unbehandelte Limone
125 g frische Kräuter (z. B. Kerbel, Petersilie, Estragon)
3 Äpfel (Gala oder Granny Smith), geschält und geraspelt
1 kleine rote Zwiebel, geschält, in dünne Scheiben geschnitten
200 g Butter, zerlassen
250 g Panko (japanische Brotkrumen)
2 TL koscheres Salz
2 TL frisch gemahlener schwarzer Pfeffer
1 unbehandelte Zitrone, in Scheiben geschnitten

120–350 °C

20 Minuten

Indirekt / Infrarot

## Profi-Tipp

Für dieses Rezept unbedingt ganz frische Forellen besorgen, da die Haut beim Grillen wegen der noch intakten Schleimschicht auf der Haut, die mit Mehl bestaubt wird, schön knusprig wird.

# Forelle à la Meunier mit Meerrettichschaum

Andreas Rummel

### Zutaten für 4 Personen

1 Forelle
Salz
frisch gemahlener Pfeffer
1 TL frischer Thymian, gehackt
1 TL frischer Dill, gehackt
1 EL Olivenöl
Fleur de Sel
Mehl

**Für den Meerrettichschaum**

100 g Sahnemeerrettich
100 g Sahne, 30 % Fettgehalt
40 ml trockener Weißwein
Salz
frisch gemahlener Pfeffer

1 Für den Meerrettichschaum den Sahnemeerrettich, die Sahne und den Weißwein in einem Topf verrühren. Mit Salz und Pfeffer abschmecken, dann kurz aufkochen.

2 Die Flüssigkeit durch ein feines Sieb in eine Espumaflasche (etwa einen ISI Gourmet Whip) geben und kräftig schütteln. Die Flasche mindestens 1 Stunde in einem Wasserbad warm stellen.

3 Die Forelle filetieren und die Gräten entfernen. Die Filets salzen, pfeffern und mit den gehackten Kräutern bestreuen. Ein etwa 40 Zentimeter großes Stück Alufolie mit Öl bestreichen. Die Forellenfilets mit der Hautseite nach außen übereinanderlegen und straff in die Alufolie wickeln, sodass sich eine Art Wurst bildet. Dieses Stück bei kleiner Hitze für etwa 20 Minuten auf den Grill legen.

4 Die Forellen vom Grill nehmen und vorsichtig auswickeln. Dann die Haut mit etwas Mehl bestauben. In der Zwischenzeit die Sizzle Zone vorheizen. Die Rolle aus Forellenfilet nun kurz bei hoher Temperatur kross nachgrillen. Die Forelle dann vom Grill nehmen und in etwa 4 Zentimeter große Stücke schneiden.

5 Den Meerrettichschaum in kleine Schalen oder auf Teller sprühen, die Forellenstücke daraufsetzen und ein wenig Fleur de Sel darüberstreuen.

260 °C

25 Minuten

Indirekt

### Profi-Tipp

Die Planken kann man in der Regel mehrmals verwenden, auch wenn sie schon etwas angekohlt sind. Der Schreiner fertigt Zedernplanken nach Maß für eine ganze Lachshälfte. Sie sollte mindestens 1,5 Zentimeter stark sein.

# Lachs auf der Planke

Ted Reader

### Zutaten für 6 Personen

6 Lachsfilets à 150–200 g, enthäutet und entgrätet

**Für das Topping**

65 g Butter
1 kleine rote Zwiebel, gehackt
1 unbehandelte Zitrone
2 EL frischer, gehackter Schnittlauch
2 EL frischer, gehackter Dill
125 g Tiger-Garnelen, fein gewürfelt
250 g Panko (japanische Brotkrumen)
1 TL Salz
1 TL frisch gemahlener schwarzer Pfeffer
3 EL Napoleon-Fischgewürz
12 ganze Tiger-Garnelen (10–12 pro kg), geputzt und geschält, Schwanz geöffnet
Olivenöl oder zusätzliche zerlassene Butter
1 Limette, etwas Saft

1 Eine oder zwei unbehandelte Zedernholzplanken mindestens 4 Stunden wässern.

2 Für das Topping in einer gusseisernen Pfanne die Butter bei mittlerer Hitze zerlassen. Die Zitrone auspressen und etwa 1 Teelöffel der Schale abreiben. Die roten Zwiebeln 4–5 Minuten unter häufigem Rühren in einer Pfanne auf dem Grill oder dem Seitenbrenner grillen, ohne dass sie braun werden.

3 Den Schnittlauch, Dill, den Zitronenabrieb und -saft in die zerlassene Butter rühren, dann die gehackten Garnelen kurz untermischen. Die Garnelen sollten noch nicht garen.

4 Den Lachs auf der Planke auf dem vorgeheizten Grill indirekt bei geschlossenem Deckel etwa 25 Minuten bis zu einer Kerntemperatur von 66 °C grillen.

5 Den Panko, etwas Salz und Pfeffer sowie zwei Esslöffel Fischgewürz zu dem Topping geben, alles gut mischen und das Topping gleichmäßig auf die Lachsfilets verteilen.

6 Die Tiger-Garnelen teilen. Etwa 8–10 Minuten, bevor der Lachs fertig ist, die Garnelen darauf legen und mit Öl oder Butter beträufeln. Mit einem Esslöffel Fischgewürz würzen.

7 Beim Servieren noch etwas Limettensaft über den Lachs geben.

250 °C

60–90 Sekunden pro Seite

Direkt / Infrarot

## Profi-Tipp

Die Butterfischsteaks sollen auf keinen Fall durchgegrillt werden. Sie können ruhig zu einem Drittel glasig bleiben.

## Zutaten für 4 Personen

4 Butterfischsteaks à 2,5 cm Schnittstärke
1 unbehandelte Limette
frisch gemahlener bunter Pfeffer
frisch gemahlenes Meersalz
einige Tropfen Traubenkernöl

# Butterfischsteak

Adi Matzek

1 Die Steaks mit Zesten von der Limette bestreuen und eine Prise Pfeffer aus der Mühle darüber geben.

2 Die Steaks mit dem Meersalz von beiden Seiten salzen, mit Traubenkernöl beträufeln und einige Minuten ziehen lassen.

3 Die Sizzle Zone vorheizen, nicht mit voller Hitze. Die Steaks 60–90 Sekunden pro Seite grillen. Bei Bedarf das überschüssige Fett mit Küchenpapier entfernen.

INFRARED
SIZZLE
ZONE
NAPOLEON
GOURMET GRILLS

180 °C

15–20 Minuten

Indirekt

## Profi-Tipp

Nach dem Filetieren die Haut separat kross grillen und das Fleisch darauf anrichten.

## Zutaten für 1 Person

1 Makrele oder Forelle
Salz
1 unbehandelte Zitrone
frisch gemahlener Pfeffer
½ TL frischer Thymian
etwas Mehl zum Bestäuben

Rostbeständige Lüftungsschlitze im Deckel ermöglichen eine genaue Temperaturregelung oben, die Lüftungsregelung am Aschebehälter sorgt für die Zuluftregulierung von unten.

# Steckerlfisch

Andreas Rummel

1 Die Makrele oder Forelle von außen und innen salzen. Die Schale der Zitrone abreiben. Den Fisch mit etwas Zitronenabrieb, Pfeffer und Thymian innen würzen.

2 Den Grillspieß vor dem Anheizen am Rost fixieren. Den Grill auf 180 °C vorheizen.

3 Den Fisch nun auf den Spieß stecken und rundherum mit Mehl bestauben.

4 Die Zitrone halbieren, mit der Schnittfläche auf den Rost legen und mitgrillen. Den Fisch 15–20 Minuten bei geschlossenem Deckel grillen, bis er außen schön kross ist.

5 Abschließend den Fisch vom Spieß nehmen, filetieren und die warme Zitrone über dem Steckerlfisch ausdrücken.

150 °C

20 Minuten

Indirekt

## Profi-Tipp

Fische am besten unter Wasser – zum Beispiel im gefüllten Spülbecken – entschuppen, dann spritzen die Schuppen nicht. Alternativ beim Fischhändler entschuppen lassen.

# Wolfsbarsch

Andreas Rummel

### Zutaten für 4 Personen

1 Wolfsbarsch, ausgenommen
Salz
Napoleon-BBQ-Fischgewürz
1 unbehandelte Zitrone, in kleine Stücke geschnitten
50 g Butter in Flöckchen
250 ml Weißwein

1 Den ausgenommenen Wolfsbarsch innen salzen und mit dem Napoleon-Fischgewürz einreiben.

2 Ein Stück Alufolie mehrfach falten, sodass eine etwa 25 Zentimeter lange Rinne entsteht. Die Rinne mit kleinen Zitronenstücken und Butterflöckchen bestücken.

3 Den Fisch auf die Rinne setzen und vorsichtshalber mit Zahnstochern darauf fixieren, danach die Rinne mit Weißwein füllen. Nun den Fisch mit der Rinne auf den Grill setzen und den Deckel schließen. Durch die Hitze ziehen der Weißwein und die Aromen von innen in den Fisch.

4 Nach etwa 20 Minuten ist der Fisch gegart und kann filetiert werden. Die Flüssigkeit aus der Rinne über den Fisch geben.

# Aus der Erde – Gemüse

# Gegrillte Gemüsevarationen

## Zucchini-Rondelle

### Zutaten für 10 Personen

4 mittelgroße Zucchini
20 Scheiben Bauchspeck
20 Cherrytomaten
Butter

**Für die Bruschetta**
1 TL getrocknetes Bruschettagewürz
2 TL Wasser
10 ml Olivenöl

Die Zucchini in 3 Zentimeter hohe Stücke schneiden und daraus Halbkugeln ausstechen. Die Außenseite mit einem Juliennereißer einschneiden. Die Zutaten für die Bruschetta anrühren und die Masse in den Hohlraum der Zucchini einfüllen. Die Zucchini mit Speck umwickeln und diesen mit Zahnstochern fixieren. Eine Tomate bis zur Hälfte eindrücken und darauflegen. Dann mit Butter bestreichen. Die Rondelle auf einer gesalzenen Gussplatte indirekt bei 200 °C 10–15 Minuten grillen.

*Grilltemperatur: 200 °C, Grilldauer: 10–15 Minuten, Grillart: indirekt*

## Salicornia mit Tomate

### Zutaten für 6 Personen

250 g Salicornia (Meeresalgen)
6 Cocktailrispentomaten
etwa 30 g Zucker
Erdnussöl

Die Tomaten waschen und die Rispen durchschneiden (aber die Tomaten nicht abzupfen). Die Tomaten im Zucker wälzen und etwa 6 Minuten auf einer Gussplatte scharf direkt angrillen, dabei mehrmals wenden. Die Algen waschen und abtrocknen. Dann etwa 3 Minuten auf einer Gussplatte mit wenig Erdnussöl scharf direkt angrillen. Die Tomaten auf den Algen anrichten.

*Grilltemperatur: 200 °C, Grilldauer: Tomaten: 6 Minuten, Algen: 3 Minuten, Grillart: direkt*

## Wasabi-Kartoffelpüree

### Zutaten für 4 Personen

Wasabicreme nach Belieben
500 g Kartoffeln, vorwiegend festkochend
100 ml Milch, 3,5 % Fettgehalt
100 ml Sahne, 30 % Fettgehalt
50 g Butter
Salz
frisch gemahlener Pfeffer

Die Kartoffeln ungeschält und in Alufolie gewickelt 45 Minuten bei 185 °C indirekt grillen. Die Kartoffeln anschließend schälen und zerdrücken. Milch, Sahne und Butter aufkochen und mit den Kartoffeln zu Püree verrühren. Mit den Gewürzen und der Wasabicreme abschmecken.

*Grilltemperatur: 185 °C, Grilldauer: 45 Minuten, Grillart: indirekt*

**Gemüse auf dem Grill**

Gegrilltes Gemüse ist leichte Kost mit wenig Kalorien und lässt sich oft einfach vor- und zubereiten. Allerdings eignen sich nicht alle Gemüse gleich gut zum Grillen. Gemüse mit einer festen Haut wie Kartoffeln, Tomaten, Auberginen, Zucchini, Mais oder auch große Pilze lassen sich sehr gut auf dem Grill zubereiten. Wichtig dabei ist aber, dass die Gemüse währenddessen immer wieder mit flüssiger Butter oder Öl eingepinselt werden, um sie vor dem Austrocknen zu bewahren.

Auch Blattgemüse, Erbsen, Bohnen und Spargel können gegrillt werden, wenn man sie vorher in Alufolie packt. Gegrillte Gemüse können gut für sich alleine stehen oder auch als Beilage zu Fleischgerichten serviert werden.

## Gemüsepakete

Problemlos und ohne viel Aufwand lassen sich auf dem Grill Gemüsepakete herstellen. Einfach vorhandenes Gemüse wie z. B. Tomaten, Paprikaschoten, Zucchini säubern und klein schneiden. Dazu werden Feta oder Mozzarella mit etwas Butter und Gewürze gelegt. Wer möchte, kann auch etwas Knoblauch dazugeben. Die Päckchen können gleich portionsweise hergerichtet und indirekt etwa 20 Minuten bei 180–220 °C gegrillt werden.

*Grilltemperatur: 180–220 °C, Grilldauer: 20 Minuten, Grillart: indirekt*

### Zutaten

Gemüse nach Belieben

180 °C

16–18 Minuten

Indirekt

## Profi-Tipp

Das Foliengemüse kann man schon 6–8 Stunden vorher vorbereiten, im Kühlschrank lagern und 30 Minuten vor dem Grillen herausnehmen. Beim abschließenden Öffnen des Grilldeckels auf den entweichenden heißen Dampf achten und nicht zu nah am Grill stehen.

## Zutaten für 4 Personen

250 g frische oder gefrorene Erbsen, geschält
500 g kleine Zucchini, längs halbiert, diagonal in 2,5 cm dicke Scheiben geschnitten
250 g dünnen Spargel, in 2,5 cm dicke Stücke geschnitten
16 Schalotten, geschält, halbiert
12 Shiitake-Pilze, halbiert oder geviertelt
4 Zehen Knoblauch
60 ml Apfelessig
45 ml Olivenöl extra vergine
2 EL frische Kräuter, gehackt (Thymian, Rosmarin, Oregano, Basilikum etc.)
Meersalz
frisch gemahlener schwarzer Pfeffer

# Foliengemüse

Ted Reader

1 Alle Zutaten in einer großen Schüssel vorsichtig vermengen und das Olivenöl gleichmäßig darüber verteilen.

2 Das Gemüse auf eine ausreichend lange Alufolie legen und diese zu einer Tüte gut verschließen. Das Paket indirekt bei geschlossenem Deckel 16–18 Minuten grillen. Dabei das Ganze ein- bis zweimal wenden.

200–220 °C

15 Minuten

Direkt

## Profi-Tipp

Beim Zubereiten am besten den Wein verwenden, der zum Essen serviert wird.

### Zutaten für 4 Personen

500 g Schalotten, in grobe Stücke geschnitten
2 EL Butter
2 TL Zucker
125 ml trockener Rotwein
½ TL gerebelter Thymian
Salz
frisch gemahlener Pfeffer

# Rotweinschalotten

Adi Matzek

1 Die Butter in einer Grillpfanne zerlassen und den Zucker darin direkt anschwitzen, die Schalottenstücke untermengen und kurz mitrösten. Anschließend mit dem Wein ablöschen, den Thymian zufügen und alles etwa 15 Minuten unter gelegentlichem Umrühren weich dünsten.

2 Am Ende der Garzeit sollten die Schalotten weich und die Flüssigkeit großteils eingekocht sein. Die Rotweinschalotten mit Salz und Pfeffer abschmecken und zu gegrilltem Fleisch, vor allem Rindfleisch, servieren.

TRINKGENUSS
ROT
GLUT
ADI MATZEK

200–250 °C
15 Minuten
Direkt

## Profi-Tipp

Die Marinade erhält eine spezielle frische Note, wenn Sie den Saft von einer halben Zitrone hineingeben.

### Zutaten für 4 Personen

100 g Rucola, gewaschen und trocken geschleudert
5 g rote Zwiebel, geschält, fein geschnitten
100 g Karotten, geschält, in Scheiben geschnitten
12 Cherrytomaten, geviertelt
1 Zehe Knoblauch, fein gehackt
2 EL flüssiger Honig
3 EL Olivenöl
2 EL Balsamicoessig
Salz
frisch gemahlener Pfeffer
50 g frisch grob geriebener Parmesan

# Rucolasalat

Adi Matzek

1 Die Zwiebel und die Karotten getrennt in der Gemüsepfanne oder Gusspfanne 15 Minuten bei großer Hitze mit etwas Öl direkt rösten.

2 Die Bestandteile der Marinade erwärmen.

3 Anschließend alle Zutaten in einer Schüssel vermischen, mit Salz und Pfeffer abschmecken und den Rucola unterheben.

4 Den frisch geriebenen Parmesan über den fertig angerichteten Salat streuen.

200–250 °C

5–10 Minuten

Indirekt

### Profi-Tipp

Die Käsegrillscheiben sind vielseitig verwendbar: als Hauptspeise, als Beilage oder als Suppeneinlage.

### Zutaten für 4 Personen

250 g Hartkäse (Graukäse oder Bergkäse)
250 g Knödelbrot (alternativ Brötchen vom Vortag)
125 ml Milch
2–3 Eier
1 Zwiebel, gehackt
50 g Butter
Petersilie, gehackt
½ TL Kümmel
etwa 30 g Mehl
Sonnenblumenöl
frisch geriebener Parmesan
zerlassene Butter

# Käsegrillscheiben

Adi Matzek

1 Das Knödelbrot salzen. Die Eier und die Milch verquirlen, über das Brot geben. Dann durchmischen und ziehen lassen.

2 Die Zwiebel in der Butter anrösten und mit der Petersilie und dem Kümmel zum Brot geben.

3 Den Käse fein reiben und dazugeben. Die Masse mit dem Mehl binden und nochmals etwa 10 Minuten ziehen lassen.

4 Auf dem Grill eine Napoleon-Gussplatte mit Öl einpinseln und die Platte erhitzen. Aus der Knödelmasse Scheiben formen, flach drücken und auf die heiße Gussplatte geben. Die Brotscheiben auf beiden Seiten knusprig braun grillen.

5 Mit zerlassener Butter und Parmesan servieren. Dazu passt Sauerkraut oder ein frischer Salat.

180–200 °C | 45–60 Minuten | Indirekt

180–200 °C | 5 Minuten je Seite | Direkt

## Zutaten für 4 Personen

6 mittelgroße Yukon-Gold-Kartoffeln oder andere mehlig kochende Kartoffeln
1 Stange Sellerie, in Scheiben geschnitten
1 kleine rote Zwiebel, gewürfelt
2 Frühlingszwiebeln, in dünne Scheiben geschnitten
2 Eier, hart gekocht und gewürfelt
12 grüne Oliven, mit Tomatenpaprika gefüllt und in Scheiben geschnitten
175 ml cremiges, weißes Salatdressing
30 ml Senf
Salz
frisch gemahlener schwarzer Pfeffer

# Gebackener Kartoffelsalat

Ted Reader

1 Die ganzen, ungeschälten Kartoffeln auf dem oberen Rost 45–60 Minuten bei geschlossenem Deckel indirekt grillen. Die Kartoffeln über Nacht oder mindestens 4–6 Stunden im Kühlschrank vollständig auskühlen lassen.

2 Die erkalteten Kartoffeln mit Schale in mundgerechte Stücke schneiden und Sellerie, Zwiebeln, Eier, Oliven, Salatdressing und Senf in eine große Schüssel dazugeben. Alles gut vermischen. Mit Salz und Pfeffer abschmecken.

## Zutaten für 4 Personen

250 g fest kochende Kartoffeln
250 g fest kochende Kartoffeln, gekocht
2 Zehen Knoblauch, zerdrückt
1 Ei
25 g Kartoffel- oder Maisstärke
Salz
frisch gemahlener Pfeffer

# Kartoffelpuffer

Adi Matzek

1 Für die Kartoffelpuffer die rohen und die gekochten Kartoffeln getrennt voneinander mit dem Reibeisen in feine Nudeln reiben. Dieser Vorgang wird auch »reißen« genannt.

2 Die rohen, gerissenen Kartoffeln durch ein Sieb fest ausdrücken, damit der Kartoffelsaft ablaufen kann. Die Kartoffeln dann etwas ruhen lassen.

3 Die gekochten und rohen Kartoffeln vermengen. In die Masse den zerdrückten Knoblauch, das Ei und die Stärke geben, mit Salz und Pfeffer abschmecken. Auf dem Grill eine Gussplatte mit Öl erhitzen. Die Masse mit einem Esslöffel auf den Guss geben und zu einem Puffer formen. Die Puffer auf beiden Seiten knusprig braun braten.

200 °C

7–10 Minuten

Direkt

## Profi-Tipp

Das gegrillte Brot kann auch direkt mit den Knoblauchzehen eingerieben werden, dann muss man den Knoblauch nicht anrösten.

# Gegrillte Tomaten auf Zwiebelbruschetta

Ted Reader

### Zutaten für 4 Personen

8 reife Tomaten, längs in Scheiben geschnitten
2 mittelgroße rote Zwiebeln, in dicke Scheiben geschnitten
60 ml Olivenöl extra vergine
Salz
frisch gemahlener schwarzer Pfeffer
3 El Knoblauch, fein geschnitten
2 EL frische Petersilie, gehackt
2 EL frischer Basilikum, gehackt
2 El Balsamicoessig
1 unbehandelte Zitrone
1 frisches Baguette (28–30 cm lang), diagonal in 2 cm dicke Scheiben geschnitten
125 g frisch geriebener Parmesan

1 Die Zwiebeln, das Öl mit Salz und Pfeffer in eine Napoleon-Gusseisenpfanne geben und bei mittlerer Temperatur auf dem Rost oder dem Seitenbrenner grillen. Etwas später die Tomaten dazugeben. Alles insgesamt 7–10 Minuten grillen, bis die Zwiebeln zart sind.

2 Auf einer Grillplatte mit etwas Sonnenblumenöl den Knoblauch anrösten. Danach die gegrillten Tomaten und Zwiebeln mit einem scharfen Messer würfeln.

3 Zesten von der Zitrone ziehen und fein hacken, die Zitrone auspressen. Alles gemeinsam in einer Schüssel mit der Petersilie, dem Basilikum, dem Knoblauch und dem Balsamicoessig vermengen, mit Salz und Pfeffer abschmecken.

4 Die Baguettescheiben pro Seite 1–2 Minuten direkt grillen, bis sie leicht gebräunt und kross sind. Mit einem Esslöffel die Bruschettamischung darübergeben und vor dem Servieren mit Parmesan garnieren.

180 °C

10 Minuten

Indirekt

## Profi-Tipp

Grillen Sie die Tomaten erst kurz vor dem Servieren, damit sie auf dem Teller schön frisch und prall aussehen.

### Zutaten für 4 Personen

500 g Cherrytomaten
80 – 100 g frisch geriebener Hartkäse (etwa Parmesan)
Kräutersalz

Eine wichtige »Kleinigkeit« ist der Flaschenöffner direkt am Grill.

# Cherrytomaten mit Käsehäubchen

Adi Matzek

1 Die Cherrytomaten waschen und kreuzförmig einschneiden.

2 Die Tomaten mit dem Stielansatz nach unten in eine gusseiserne Pfanne setzen, mit Kräutersalz würzen und großzügig frisch geriebenen Hartkäse über die Tomaten streuen. Dann etwa 10 Minuten indirekt grillen.

150 °C

30–40 Minuten

Indirekt

## Profi-Tipp

Presa ist ein in Spanien üblicher Schnitt und wird dort vorwiegend aus dem Kamm des Ibérico-Schweins gewonnen.

# Presa mit gegrilltem Spargel

Andreas Rummel

### Zutaten für 4 Personen

1 Presa (etwa 700 g), 30 cm x 10 cm geschnitten (vom Metzger auslösen lassen)
16 Stangen grüner Spargel
BBQ-Gewürz
16 Streifen Frühstücksspeck
frisch gemahlener Pfeffer
Thymian

1 Die Presa (Schweinenackenstück mit speziellem Schnitt) mit BBQ-Gewürz einreiben und bei etwa 150 °C 30–40 Minuten indirekt grillen, bis das Fleisch eine Kerntemperatur von etwa 56 °C erreicht.

2 Die unteren Enden des Spargels abschneiden. Die Frühstücksspeckstreifen mit einem Messer auf einem Schneidbrett ausstreichen und den Speck mit Pfeffer und Thymian bestreuen.

3 Nun die grünen Spargelstangen darin einwickeln und etwa 15 Minuten mit auf den Grill legen.

4 Die Presa vom Grill nehmen und noch mal 5 Minuten ruhen lassen. Danach das Fleisch quer zur Faser aufschneiden und anrichten. Den Spargel aus dem Speck wickeln, den Speck noch einmal kurz kross grillen, klein schneiden und über den Spargel und das Fleisch geben.

# Grillen mit Gästen

NAPOLEON
BBQ-GEWÜRZ
SCHWEIN
NAPOLEON
BBQ-GEWÜRZ
FISCH

NAPOLEON

**Gut vorbereitet für die Gäste**

Wie bei jedem Fest oder jeder Feier steht und fällt die Grillparty mit der Vorbereitung. Das Schwierigste ist oft die richtige Zusammensetzung der Gästeliste und des Menüs, das die geschmacklichen Vorlieben aller berücksichtigen soll. Im Idealfall sind Sie mit der Auswahl auf alle Eventualitäten vorbereitet, bieten jedoch eine überschaubare Zahl von Gerichten an. Auch hier ist wie so oft im Leben weniger mehr, und in der Regel bleibt nichts übrig, was auf dem Grill lag.

Den Gasgrill 30 Minuten vor Beginn der Party in Betrieb nehmen, den Holzkohlegrill 1 Stunde vorher. Für das Smoken je nach Grillgericht schon einen Tag zuvor mit dem Einheizen beginnen.

Vorspeisen oder Snacks 1 Tag vorher zubereiten, das Grillgut 1 Woche vor der Veranstaltung beim Metzger bestellen – lassen Sie es sich 2 Tage vor Ihrem Event liefern. So bleibt genügend Zeit, das Fleisch zu marinieren. Schlussendlich sollten im Kühlschrank ein paar Kilogramm gut vorbereitetes Grillgut liegen.

**Kühles für den Durst**

Selbstredend dürfen die Getränke nicht fehlen, je nach Belieben kalt. Dabei das Eis nicht vergessen!

Sehr praktisch ist ein Gartenzelt, in das Sie sich bei Regen mit Ihren Gästen flüchten könnten. Schließlich sollten genügend Sitzmöglichkeiten sowie passende Gartenbeleuchtung vorhanden sein. Die Tischdekoration kann bei einer Grillparty hingegen sparsam ausfallen.

**Die kleinen Gäste nicht vergessen**

Sind auch Kinder eingeladen, kann ein Babysitter engagiert werden, der mit den Kleinen spielt und mit ihnen zum Beispiel Stockbrot grillt. Ein perfekter Gastgeber bietet heutzutage sogar auch WLAN und natürlich Musik in nachbarfreundlicher Lautstärke.

**Ein paar Tricks**

Ein Erfolg wird die Party, wenn die Gäste ins Grillgeschehen eingebunden sind. Es gibt immer etwas zu bepinseln oder zu schneiden. Man kann das Fingerfood zum Beispiel auch direkt vom Grill naschen. Das ist sehr kommunikativ und spart jede Menge Geschirr.

Wie der Kapitän sein Schiff verlässt auch der Grillchef seinen Grill höchstens, um die Gasflasche auszutauschen oder neue Briketts zu holen. Beides sollte ausreichend vorrätig sein. Haben Sie immer einen Feuerlöscher und einen Erste-Hilfe-Koffer in Reichweite.

Sind all diese Voraussetzungen erfüllt, sind Gastgeber und Gäste entspannt und dem Gelingen der Party steht nichts mehr im Wege.

180–250 °C

2–20 Minuten

Direkt / Indirekt

### Profi-Tipp

Was gibt es Schöneres, als an einem sonnigen Morgen den Tag mit einem Frühstück vom Grill zu beginnen? Die vielfältigen Gartechniken des Napoleon-Grills bieten dazu viele Möglichkeiten.

# Brunch to lunch

Andreas Rummel

## Zutaten für 4 Personen

**Für Spiegeleier, Speck und Baked Beans**

4 Eier
Frühstücksspeck
200 g Bauchspeck
150 g Champignons, geputzt
2 Tomaten, halbiert
Salz
frisch gemahlener Pfeffer
100 g Hartkäse, gehobelt
4 Scheiben Toast
1 Dose Baked Beans

**Für das French Toast**

4 Scheiben Toastbrot
200 ml Milch
3 Eier

**Für die Pancakes**

3 Eier
300 ml Milch
300 g Mehl
24 g Zucker
20 ml Ahornsirup
Sonnenblumenöl zum Anbraten

**Spiegeleier mit Speckstreifen**

1 Vier Eier auf einer Gussplatte aufschlagen. Die Speckstreifen ebenfalls auf der Grillplatte braten, die Toastscheiben rösten.

2 Die Champignons und die Tomatenscheiben auf dem Rost angrillen. Dazu die Tomaten mit Salz und Pfeffer bestreuen und den Hartkäse auf die Hälften geben. Eine geöffnete Büchse Baked Beans mit auf den Grill stellen und warm werden lassen.

**French Toast**

1 200 Milliliter Milch und drei Eier in einer Schüssel verrühren. Die Toastbrotscheiben nacheinander hineinlegen. Anschließend das French Toast auf der Grillplatte unter zweimaligem Wenden ausbacken.

**Pancakes mit Ahornsirup**

1 In einer Schüssel die Milch, Eier sowie den Zucker und das Mehl verrühren. Den Teig 10 Minuten ruhen lassen.

2 Ein paar Tropfen Sonnenblumenöl in die Pfanne geben und mit einem Pinsel oder Küchenpapier die Pfanne ausstreichen. Die Pfanne auf dem Seitenkochfeld vorheizen.

3 Nun mit einer Kelle etwa 100 Milliliter Teig in die Pfanne geben und durch Schwenken gleichmäßig in der Pfanne verteilen. Etwa 1 Minute pro Seite backen. Der erste Pancake gelingt oft nicht, die anderen werden dafür umso besser. Den fertigen Pancake mit Ahornsirup übergießen und zusammenrollen.

UIT
AUS
NUR IM FREIEN BENUTZEN. VOR DEM ANZÜNDEN DIE
ANLEITUNGEN LESEN. WARNUNG: DIE TEILE KÖNNEN
SEHR HEIß WERDEN. KLEINE KINDER VOM GRILL
ENTFERNT HALTEN.
INFRARED
SIZZLE
ZONE

160 °C

4–5 Stunden

Indirekt

### Profi-Tipp

Baked Beans wurden von den Siedlern in den USA überwiegend im sogenannten Dutch Oven, einem Eisengusstopf, im Lagerfeuer zubereitet.

# Barbecue Baked Beans

Ted Reader

### Zutaten für 10–12 Personen

900 g getrocknete Navy-Bohnen
3 Zehen Knoblauch, gehackt
1 große weiße Zwiebel, fein gewürfelt
2 Poblano Peppers, entkernt und in Würfel geschnitten
250 g doppelt geräucherter Speck, gewürfelt
250 ml hochwertige Melasse
250 ml Chilisauce
125 g brauner Zucker
1 EL Worcestersauce
1 EL Dijonsenf
2 TL Salz

1 Die Bohnen über Nacht wässern.

2 Am folgenden Tag die Bohnen in einem großen ofenfesten Topf mit kaltem Wasser bei geschlossenem Deckel zum Kochen bringen.

3 Die Hitze herunterregeln, die Bohnen 1–1 ½ Stunden köcheln lassen, dabei gelegentlich umrühren, bis sie weich sind.

4 Den Grill auf 160 °C vorheizen. Die restliche Zutaten in den Topf geben, gründlich verrühren. Den abgedeckten Topf 3 Stunden in den Grill geben, dabei alle 30 Minuten rühren. So werden die Bohnen sehr zart und aromatisch.

5 Anschließend ohne Deckel 1 weitere Stunde im Grill garen. Die Bohnen lassen sich leicht einfrieren (bis zu 3 Monate), halten sich ca. 1 Woche im Kühlschrank und können auch in einem schweren Topf, der an der vorgeheizten Rückseite eines Grills steht, erwärmt werden. Dabei gelegentlich umrühren.

180 °C

20 Minuten

Indirekt

**Profi-Tipp**

Am besten gelingt das Rezept mit reifem, gekühltem Käse. Der kalte Käse kann mehr Rauch aufnehmen.

160 °C

2–5 Minuten je Lage

Infrarot / Spieß

**Profi-Tipp**

Wenn der Käse auf einer Seite fast geschmolzen ist, den Spieß ein Viertel weiterdrehen. Probieren Sie auch verschiedene Käsesorten, einfach gemischt zusammen auf den Spieß stecken!

# Harzer Käse auf Planke

Andreas Rummel

### Zutaten für 4 Personen

200 g Harzer Käse, in dicke Scheiben geschnitten
1 Knolle Knoblauch
1 Zwiebel, in 1 cm dicke Ringe geschnitten
120 ml Öl
40 ml Essig
Fleur de Sel
frisch gemahlener Pfeffer
½ Bauernbrot

1 Ein Zedernholzbrett 4 Stunden ins Wasser legen, danach auf dem Rost platzieren.

2 Den Grill auf 180 °C heizen. Die Knoblauchknolle halbieren, nicht schälen und indirekt grillen.

3 Die Zwiebelringe gleichmäßig auf dem Zedernholzbrett verteilen. Die Harzer-Käse-Scheiben auf den Zwiebeln verteilen. Das Brett direkt etwa 20 Minuten grillen, bis der Käse weich und goldbraun ist.

4 In der Zwischenzeit das Öl und den Essig verrühren. Dann den Käse mit den Zwiebeln in eine Schüssel geben und mit der Vinaigrette begießen.

5 Nun die weichen Knoblauchzehen aus der Knolle drücken und alles schön unterrühren. Mit Fleur de Sel und Pfeffer abschmecken. Als Beilage frisches Bauernbrot reichen.

# Käsefondue

Andreas Rummel

### Zutaten für 10 Personen

1–2 kg Appenzeller Käse
2–4 Packungen Toastbrot

1 Den Käse auf den Drehspieß stecken und vor dem Backburner grillen lassen. Das angeröstete Toastbrot unter den Spieß legen und damit den tropfenden Käse auffangen.

NAPOLEON
GOURMET GRILLS

200 °C
ca. 20 Minuten
Indirekt

## Profi-Tipp

In die Mulde der fertigen Puddings können Sie Ihre Dippsaucen geben und gleich servieren!

# Echter Yorkshire-pudding

Adi Matzek

### Zutaten für 12 Personen

250 ml Milch (oder 125 ml Milch und 125 ml Wasser, verquirlt)
1 Ei
1 Prise Salz
frisch geriebene Muskatnuss
1 Msp. Backpulver
125 g Mehl
Olivenöl zum Einfetten
30 g Rindernierenfett
Beeren für die Garnitur

1 Für den Teig die Milch, das Ei, Salz und Muskatnuss miteinander verquirlen. Das Backpulver unter das Mehl mischen und das Mehl in die Eiermilch einrühren. Der Teig sollte flüssig sein.

2 Ein Blech mit Muffinformen einfetten und in jede Vertiefung drei bis vier Stück des klein geschnittenen Rindernierenfetts geben. Die Formen auf dem Grill direkt erhitzen.

3 Wenn das Öl heiß genug ist, den Teig in die Formen gießen, dabei jede Vertiefung nur bis zur Hälfte füllen.

4 Den fertigen Yorkshire-Pudding aus der Form stürzen und auf Küchenpapier das überschüssige Fett abtropfen lassen. Mit Beeren garnieren. Der Pudding kann warm, lau oder kalt genossen werden.

180 °C
15–20 Minuten
Indirekt

200 °C
13–15 Minuten
Indirekt

# »Eierkuchen«

Andreas Rummel

### Zutaten für 6 Personen und 15 Eier

15 Eier
300 g Mehl
300 g Zucker
300 g Butter
1 Pkg Backpulver
1 Pkg Vanillinzucker
1 kleiner Schuss Milch
Kakaopulver oder Apfelstücke zum Garnieren

1 Eine etwas anspruchsvollere Zubereitung, denn die 15 rohen Eier müssen geköpft werden, ohne dass sie kaputtgehen. Am besten das Ei im oberen Viertel mit Klebeband umwickeln und dann vorsichtig aufklopfen und ausgießen. Dabei fünf rohe Eier für den Teig aufbewahren. Geköpfte Eierschalen kann man im Gourmethandel bestellen (www.bosfood.de).

2 Die hohlen Eier von innen buttern.

3 Die restlichen Zutaten bis auf das Kakaopulver mit einem Mixer verrühren, sodass ein cremiger Teig entsteht. Mit diesem die Eierschalen bis zur Hälfte füllen.

4 Nun aus Alufolie Ringe basteln, die Eier daraufsetzen und 15–20 Minuten bei 180 °C indirekt grillen. Das Ei ist durch, wenn an einem Holzspieß, der in den Teig gestochen wird, kein Teig mehr haftet.

5 Abschließend den »Eierkuchen« aus dem Ei pellen.

# Ei-Muffins vom Grill

Adi Matzek

### Zutaten für 6 Personen

6 Eier
3 Scheiben Kochschinken
12 Scheiben Frühstücksspeck
Kräutersalz
frisch gemahlener schwarzer Pfeffer

1 Den Schinken bzw. den Frühstücksspeck so in die Vertiefungen des Muffinblechs legen, dass er »Schüsselchen« bildet.

2 Je ein Ei aufschlagen und in ein Schinken-Speck-Schüsselchen gleiten lassen. Salzen, pfeffern und bei mittlerer indirekter Hitze 13–15 Minuten grillen, bis das Eiweiß fest und das Eigelb noch etwas flüssig ist.

3 Abschließend mithilfe eines Löffels die Schinken-Speck-Eier leicht aus der Form nehmen und servieren.

200 °C | 20–25 Minuten | Indirekt

200 °C | 30 Minuten | Indirekt

### Profi-Tipp

Das Brot unbedingt 15–20 Minuten ruhen lassen und erst danach anschneiden, da sich so die Aromen viel besser entfalten können.

# Wurst am Stiel

Ted Reader

### Zutaten für 6 Personen

12 geräucherte Würste
125 ml Senf
125 ml Honig
60 ml Sleeman Original Dark Beer oder dunkles Bier

1 Ein Holzbrett (zum Beispiel Zeder) mit vorgebohrten Löchern für die Wurststicks 4 Stunden wässern.

2 Die Würste auf lange Holzspieße stecken, das Fleisch mit einem scharfen Messer einschneiden und die Spieße in das mit Wasser getränkte Holzbrett stecken.

3 In einer Schüssel Senf, Honig und Bier mit einem Schneebesen glatt rühren. Die Würste indirekt 20–25 Minuten grillen und mehrmals mit der Sauce bestreichen.

4 Die Würste mit der restlichen Sauce servieren.

# Veggie-Brot vom Grill

Adi Matzek

### Zutaten für 6–8 Personen

**Brotteig**

1 kg Universalmehl (1:1 griffiges und glattes Mehl)
3 Pkg Trockenhefe
2 EL Salz
1 EL Zucker

**Belag**

50 g Rucola
10 g frisches Basilikum
100 g getrocknete, in Öl eingelegte Tomaten
100 g Mozzarella, klein geschnitten
frisch geriebener Parmesan

1 Aus den Zutaten einen Teig anrühren. Den Teig etwa 40 Minuten ruhen lassen, danach ausrollen und mit den Zutaten nur auf einer Seite wie bei einer Pizza Calzone belegen.

2 Danach die Pizza zuklappen und im Kugelgrill auf einem Napoleon-Pizzastein etwa 30 Minuten bei etwa 200 °C indirekt grillen.

3 Das Brot kann auch nach dem Belegen eingerollt gegrillt werden.

4 Das fertig gegrillte Brot mit dem restlichen Öl der eingelegten Tomaten bestreichen, das gibt Farbe und macht das Veggie-Brot schneidfähig.

NAPOLEON
BBQ-SENF

Sizzle Zone / 100 °C

4 Minuten

Infrarot / Indirekt

### Profi-Tipp

Lardo ist Speck aus der Gegend von Carrara. Die Arbeiter in den bekannten Marmorsteinbrüchen brauchten energiereiche Nahrung und griffen gern auf Lardo zurück.

# Flanksteak mit Zucchinipappardelle

Andreas Rummel

### Zutaten für 4 Personen

800 g Flanksteak
2 mittelgroße Zucchini
50 g Lardo
12 Drillingskartoffeln (Durchmesser 2,5 – 4 cm), 30 Minuten gekocht
Salz
frisch gemahlener Pfeffer
5 Zweige frischer Thymian
20 g Butter
Salzflakes zum Garnieren

1 Den Lardo sehr fein zu einer Art cremigem Tatar schneiden. Die Zucchini mit einem Sparschäler bis auf den weichen Kern in feine Streifen (Pappardelle) schälen.

2 Die Sizzle Zone 3 Minuten vorheizen. Aus Alufolie eine Tüte basteln. Die Zucchinistreifen mit einer Prise Salz, etwas Pfeffer und Thymianzweigen sowie der Butter in die Alufolientüte geben und diese verschließen.

3 Das Flanksteak auf der heißen Sizzle Zone von beiden Seiten jeweils 2 Minuten angrillen, bis ein ausgeprägtes Branding zu sehen ist. Das Steak dann zum Weitergaren bei etwa 100 °C indirekter Hitze in den Garraum legen, mit Kerntemperaturthermometer versehen und ziehen lassen, bis es 57 °C Kerntemperatur (Garstufe medium) erreicht hat.

4 Die Zucchinitüte ebenfalls auf den Grill direkt über einer kleinen Flamme garen lassen. Die vorgekochten Kartoffeln noch mal für etwa 5 Minuten mit auf den Grill legen. Die Kartoffeln dann vom Grill nehmen und an einem Ende abschneiden, sodass sie aufrecht stehen. Mit einem Parisienne-Ausstecher oder einem Teelöffel auf der flachen Seite eine kleine Mulde bilden. Dort mit einem Spritzbeutel die Lardo-Masse einfüllen.

5 Die Zucchinitüte öffnen und mit einer Gabel die Zucchinipappardelle eindrehen, dann auf den Teller setzen. Das Flanksteak gegen die Faser tranchieren und vier bis fünf Scheiben auf den Teller geben. Frisch gemahlenen schwarzen Pfeffer und einige Salzflakes darüberstreuen. Die Kartoffeln auf den Teller setzen und etwas Thymian auf den Lardo geben.

160 °C | 30 Minuten | Indirekt

180 °C | 20–25 Minuten | Indirekt

## Zutaten für 4 Personen

1 Ei, 2 Eigelb
80 g Zucker
1 Pkg Vanillinzucker
185 ml Milch, 2 EL Rum
1 Prise Salz
½ unbehandelte Zitrone, Abrieb
80 g und etwas mehr Butter
400 g Mehl
3 g frische Hefe oder
1 Pkg Trockenhefe
20 Nougatwürfel (Ildefonso)

# Buchteln

Adi Matzek

1 Alle Zutaten müssen Zimmertemperatur haben. Ei und Eigelb mit Zucker und Vanillinzucker schaumig rühren. Die lauwarme Milch, Rum, Salz, Zitronenschale und die Butter dazugeben. Das Mehl und die Hefe vermischen und unterrühren. Den Teig so lange schlagen, bis er sich von der Schüssel löst und Blasen wirft.

2 Den Teig zugedeckt etwa 3 Stunden gehen lassen. Dann kleine Buchteln à 40 Gramm mit dem Löffel ausstechen. Die Buchteln mit einem Nougatwürfel füllen, die Teigränder nach oben ziehen und die Buchteln so verschließen.

3 Eine Backform einfetten, die Buchteln hineinsetzen, mit flüssiger Butter bestreichen und 30 Minuten gehen lassen. Danach bei 160 °C etwa 30 Minuten indirekt grillen.

## Zutaten für 4 Personen

5–6 Äpfel, geschält und in Spalten geschnitten
4 Scheiben Toastbrot, ohne Rinde
30 g und etwas zerlassene Butter
3 EL Puderzucker
½ unbehandelte Zitrone
½ EL Zimt
etwas brauner Zucker zum Bestreuen

**Für die Royalmasse**
5 Eier, 125 ml Schlagsahne
125 ml Milch, ½ TL Zucker
1 Prise Vanillinzucker

# Apfel Charlotte

Adi Matzek

1 Die Auflaufförmchen mit Butter einfetten und mit Toastbrot (4 Millimeter dick) auskleiden. Mit zerlassener Butter bestreichen. Die Zitronenschale in Zesten abreißen und hacken, die Zitrone auspressen.

2 Die Apfelspalten mit der Butter, dem Puderzucker, Zitronensaft, der gehackten Zitronenschale und dem Zimt bissfest dünsten. Danach leicht abkühlen lassen.

3 Für die Royalmasse die Zutaten verrühren.

4 Die Apfelspalten in die Formen füllen und mit der Royalmasse bedecken. Die Form in den Grill geben, bis die Eiermasse stockt. Danach mit braunem Zucker bestreuen und noch im Grill karamellisieren lassen.

200–230 °C

4 Minuten

Direkt / Indirekt

## Profi-Tipp

Beim Ablöschen mit dem Balsamicoessig die scharfen Dämpfe nicht direkt einatmen.

## Zutaten für 4 Personen

200 g Römersalat
4 Röllchen Ziegenkäse
4 Scheiben Serranoschinken
12 Cherrytomaten
frischer Thymian
frisch gemahlener Pfeffer
4 Walnüsse
1 EL Puderzucker
2 El Balsamicoessig

**Für die Vinaigrette**

1 Limette
2 EL Rauchöl
2 EL süß-scharfe Chilisauce
½ TL Senf
1 Prise Meersalz
etwas Ingwer nach Geschmack

# Salat mit Ziegenkäse im Speckmantel

Andreas Rummel

1 Den Serranoschinken mit einer Prise frischem Thymian bestreuen, pfeffern und den Ziegenkäse damit einwickeln.

2 Die Vinaigrette anrühren und die Nüsse knacken.

3 Den Käse im Schinkenmantel von beiden Seiten etwa 4 Minuten auf der Gussplatte grillen.

4 In der Napoleon-Gusspfanne auf dem Seitenkochfeld den Puderzucker schmelzen lassen, die Cherrytomaten hinzugeben und unter ständigem Pfannenrütteln karamellisieren lassen. Mit Balsamicoessig ablöschen.

5 Die einzelnen Blattsegmente vom Römersalat trennen und leicht angrillen, sodass er warm und an einigen Stellen angeröstet ist.

6 Vier Salatblätter zentral auf dem Teller anrichten. Dann mit einem Esslöffel Vinaigrette beträufeln und die Tomaten hinzugeben. Nun den Käse auf dem Römersalat anrichten und mit einer halben Walnuss garnieren.

250–300 °C

3–20 Minuten

Direkt / Indirekt

## Profi-Tipp

Für den Tandoori-Ofen einen Blumentopf mit dem Durchmesser des Kugelgrills besorgen und den Boden des Blumentopfs mit einem Trennschleifer entfernen.

# Moskauspieße mit Naan-Brot Tandoori

Andreas Rummel

### Zutaten für 6–8 Personen

**Moskauspieße**
(siehe Seite 24)

**Für das Naan-Brot**
20 g Hefe
1 TL Zucker
200 g Mehl
1 EL Butterschmalz
1 TL Salz
1 EL Joghurt, 3,5 % Fettgehalt

**Moskauspieße**

Das Fleisch wie auf Seite 24 zubereiten.

**Naan-Brot**

1 Die Hefe mit dem Zucker in eine kleine Schüssel geben und mit 140 Milliliter lauwarmem Wasser verrühren, etwa 10 Minuten gehen lassen.

2 Das Mehl in eine Rührschüssel geben und in die Mitte eine Vertiefung drücken. Dort hinein Butterschmalz, Salz, Joghurt und die flüssige Hefe füllen. Alles so lange rühren, bis ein geschmeidiger Teig entstanden ist. Je nach Konsistenz noch etwas Mehl oder Joghurt/Wasser hinzufügen. Dann den Teig auf einer bemehlten Arbeitsfläche mindestens 5 Minuten gut durchkneten. Lieber länger kneten als zu kurz!

3 Anschließend den Teig in einer abgedeckten Schüssel an einem nicht zugigen Ort (etwa im ausgeschalteten Backofen) 1½–2 Stunden gehen lassen.

4 Danach den Teig nochmals gut durchkneten, diesmal mindestens 2 Minuten. Dann Fladen formen, flach drücken und an die Außenseite des Tandoori-Blumentopfs kleben. Den Deckel des Grills schließen. Das Fladenbrot ist nach ca. 5 Minuten fertig, wenn es schöne Blasen geworfen hat.

180 °C

9 Minuten

Direkt

### Profi-Tipp

Eine sehr reife Ananas duftet süßlich und ihre Blätter lassen sich leicht nach oben herausziehen.

# Ananas mit Minz-Zitronen-Schaum

Andreas Rummel

## Zutaten für 4–6 Personen

1 reife Ananas
100 ml Zitronensaft
200 g Crème fraîche
200 g Zucker
3 Pkg Ahoi-Brause
1 Pkg Tic Tac, Minze

1 Die Frucht mit einem scharfen Messer achteln und das harte Mittelstück entfernen (die Ananasschale bleibt zunächst). Die Stücke dann auf einen nicht allzu heißen Grillrost legen. Die Stücke nach 4 Minuten wenden und die andere Seite 5 Minuten grillen, bis sich ein schönes Grillmuster abzeichnet.

2 Die Crème fraîche in eine Schüssel geben, 2 Esslöffel Zucker und den Zitronensaft dazugeben und alles gut verrühren.

3 Die Tic Tacs im Mörser zerstoßen und mit dem Brausepulver unter die Sauce heben. So entsteht nach ca. 10 Minuten ein Schaum.

4 Das Fruchtfleisch mit einem schmalen Messer von der Schale trennen und quer in etwa 1,5 Zentimeter dicke Scheiben schneiden. Die Ananasstücke auf einem Dessertteller anrichten. Den Schaum darübergeben.

180 °C | 25–30 Minuten | Indirekt

170 °C | 15 Minuten | Indirekt

**Profi-Tipp**

Wenn sich der Teig vom Rand gelöst hat, ist der Muffin fertig. Dazu Schokosauce mit heißen Beeren servieren.

# Nussmuffins

Adi Matzek

### Zutaten für 4 Personen

50–100 g gemahlene Walnüsse
5 Eier
100 g Puderzucker
100 g weiche Butter
100 g Kakaopulver
40 g Semmelbrösel
20 g Mehl

1 Die Eier trennen. Das Eiweiß zu Schnee schlagen und beiseite stellen.

2 Den Puderzucker, die weiche Butter und das Eigelb schaumig rühren. Das Kakaopulver, die Nüsse sowie Semmelbrösel und Mehl untermischen. Dann den Eischnee unterheben.

3 Die fertige Masse in Muffinformen füllen und bei etwa 170 °C etwa 15 Minuten indirekt grillen.

# Gefüllte Äpfel mit Vanillesoufflé

Adi Matzek

### Zutaten für 4 Personen

4 Äpfel
2 Pkg Vanillinzucker
80 g weiche und etwas flüssige Butter
80 g Mehl
50 g gemahlene Haselnüsse
1 Msp. Backpulver
1 TL Zimt
½ TL Lebkuchengewürz
1 Ei
1 EL Rum
50 g Zucker
1 ½ unbehandelte Zitronen, Abrieb
30 ml Sahne
¼ l Rotwein
20 g Zucker
4 Nelken
½ Zimtstange
10 g Vanillepuddingpulver
30 Sauerkirschen

1 Die Äpfel aushöhlen und das Innere mit flüssiger Butter ausstreichen. Das ausgehobene Fruchtfleisch in kleine Würfel schneiden.

2 Das Mehl und die Haselnüsse gut durchmischen und Backpulver, Zimt sowie Lebkuchengewürz hinzugeben. 80 Gramm weiche Butter in einer Schüssel mit Eigelb, Rum und der Hälfte des Zuckers sowie dem Zitronenabrieb schaumig rühren. Die Mehlmischung abwechselnd mit der flüssigen Sahne in die Buttermischung einrühren und am Ende die Apfelwürfel dazugeben.

3 Das Eiweiß leicht anschlagen und dann den restlichen Zucker unter kräftigem Schlagen einfließen lassen. Das Eiweiß zu einem steifen Schnee schlagen. Den Eischnee unter die vorher angefertigte Masse heben.

4 Die Masse mit einem Spritzsack oder Löffel in die Äpfel einfüllen und im vorgeheizten Grill bei 180 °C 25–30 Minuten indirekt grillen.

5 In der Zwischenzeit den Rotwein mit Zucker, Nelken und Zimtstange aufkochen. Das Puddingpulver mit einem Esslöffel Rotwein glatt rühren. Die Nelken und die Zimtstange aus dem Rotwein nehmen, die Sauerkirschen hinzugeben und das Puddingpulver mit dem Rotwein sämig kochen. Die Kirschsauce zu den gegrillten Äpfeln servieren.

200 °C

30–40 Minuten

Indirekt

### Profi-Tipp

Flambieren Sie die Schmarren vor dem Aufschneiden mit Rum!

# Quark-Limetten-Schmarren

Adi Matzek

### Zutaten für 4 Personen

250 g Quark, 20 % Fett i. Tr.
1 EL Limetten- oder Zitronensaft
½ unbehandelte Limette
90 g Zucker
Mark von 1 Vanilleschote
25 g Maisstärke
2 Eier
etwas Rum
6 Eiweiß
2 EL Butter

1 Für den Quark-Limetten-Schmarren den Quark, 30 Gramm Zucker, das Vanillemark, die Maisstärke und die Eier verrühren. Dabei mit Rum und Limetten- oder Zitronensaft abschmecken.

2 Das Eiweiß mit dem restlichen Zucker zu einer steifen Masse schlagen und unter die Quarkmasse heben. Etwas Butter in einer Aluschale erhitzen, die Masse hineingeben und 30–40 Minuten indirekt backen.

3 In mundgerechte Stücke schneiden, anzuckern und mit Limettenscheiben garniert servieren.

# Glossar

**3-Punkt-Methode**
Das Grillgut wird von drei Seiten gleichmäßig gegrillt.

**Direkt grillen**
Beim direkten Grillen liegt das Grillgut genau über der Hitzequelle, also der Holzkohle oder dem Brenner. Vor allem für Kurzgebratenes, Steaks und Bratwürste geeignet.

**Drehspieß**
Mit einem Drehspieß können Braten, Geflügel und mehr vor dem rückwärtigen Infrarotbrenner gegrillt werden. Dank der Gegengewichte und mehrerer Gabelspieße dreht sich das Fleisch gleichmäßig vor der Hitzequelle.

**Fleischthermometer**
Mit Hilfe eines Fleischthermometers lässt sich während des Grillvorgangs die Kerntemperatur von Bratgut feststellen. So lässt sich der perfekte Garpunkt ermitteln.

**Grillplatte / Gussplatte**
Gusseiserne Platte zum Auflegen auf den Grill. Grillgut kann so auf einer größeren Fläche gegart werden.

**Indirekt grillen**
Beim indirekten Grillen wird das Grillgut nicht direkt über der Hitzequelle, sondern über einer Auffangschale platziert, die herabtropfendes Fett auffängt. Die glühenden Briketts werden um die Schale herum gelegt, bei Gasgrills werden die vorgeheizten Brenner ausgeschaltet.
Der Deckel des Grills bleibt geschlossen, sodass die heiße Luft zirkulieren kann und von allen Seiten Hitze an das Grillgut abgibt. Das Fleisch wird so besonders zart und saftig. Dieser Effekt wird noch verstärkt, wenn die Auffangschale mit Flüssigkeit gefüllt wird. Indirektes Grillen ist besonders für große Fleischstücke, aber auch für Gemüse geeignet und stellt eine sehr sanfte Garmethode dar.

**Infrarotbrenner (als rückseitiger Backburner)**
Der Infrarotbrenner ist meist rückseitig am Gehäuse des Grills angebracht. Infrarotbrenner verbrauchen weniger Gas. Sie grillen schneller als über dem normalen Gasbrenner. Zudem erreicht der Infrarotbrenner extrem heiße Brattemperaturen und eignet sich daher sehr gut zum Anbraten.

**Marinaden-Spritze (Injektor)**
Eine Marinadenspritze hat mehrere Öffnungen in der Nadelspitze. Beim Einstechen auf die gleichmäßige Verteilung der Marinade achten.

**Mop**
Saugstarker Pinsel zum Auftragen von Marinaden.

**Seitenkochfeld**
Wenn ein Seitenbrenner mit Kochfeld am Grill verbaut ist kann dieser für Pfannen und Kochtöpfe verwendet werden, der Napoleon-Grill ist damit eine vollständige Outdoorküche.

**Sizzle Zone**
Ein Infrarotbrenner aus spezieller Keramik. Er hat 10 000 Löcher und erzeugt in wenigen Minuten bis zu 1000 °C Grillhitze. Diese wird direkt an das Grillgut weitergeleitet, vergleichbar mit der Glut der Holzkohle. Der Sizzle Zone-Infrarotgrill kann auch als Seitenbrenner für Pfannen oder Töpfe verwendet werden.

**Smoken**
Beim Smoken wird das Grillgut schonend und über eine längere Zeit bei relativ niedrigen Temperaturen gegart. Dadurch werden Fleischstücke besonders zart. Durch die Verwendung von Räucherhölzern (Wood Chips) und Rubs bekommen gesmokte Gerichte ihren typischen Geschmack.

**Pizzastein**
Um im Gasgrill Pizza wie beim Italiener zu backen wird ein Pizzastein benötigt, den man ca. 20 Minuten vorheizt, bevor man die Pizza einschießt.

**Rub**
Mischung aus trockenen Gewürzen zum Einmassieren in das Fleisch.

**Wood Chips**
In einer Räucherbox erzeugen Wood Chips ein rauchiges Holzaroma des Grillguts. Besonders beim Smoken mit niedriger Temperatur wird so ein angenehmes Raucharoma erzeugt. Die Holzstücke sollten vor der Verwendung 30 Minuten gewässert werden.

# Register

# Register

Rudolf Jaeger, Andreas Rummel und Adi Matzek. Ted Reader ist schon wieder unterwegs …

**Dank**

Mein Dank geht in erster Linie an die Firma Napoleon und deren Geschäftsführer Ingrid und Wolfgang Schroeter aus Kanada sowie an Michel Voragen und sein Team, das Napoleon in Europa vertritt.

Natürlich war es einmal wieder ein kulinarischer Grillhochgenuss, mit meinen Grillfreunden Adi, Andreas, Ted und deren Teams viele Tage bei bestem Wetter am Grill zu stehen und die hohe Kunst des Grillens für dieses einzigartige Buch zu zelebrieren.

Was wäre ein Grillbuch ohne die zauberhaften Bilder, die unsere Fotografin Manuela Rüther mit ihrem großartigen Team aufgenommen hat?

Besonderer Dank geht auch an meine Freunde der Firma Otto Gourmet für die zur Verfügung gestellte Location, für die erstklassigen Grillwaren sowie an deren Köche, dessen Küche wir zeitweilig für die Vorbereitungen in ein Schlachtfeld verwandeln durften, und an das Team des Christian Verlages. Unser Dank gilt natürlich auch den Firmen ASA Selection, Eva Solo und Seibel Designpartner GmbH, die uns mit Geschirr ausstatteten, sowie der Firma Profagus GmbH, die uns mit Heizmaterial versorgte.

*Rudolf Jaeger*

Der Verlag dankt Michel Voragen für seine freundliche Unterstützung.

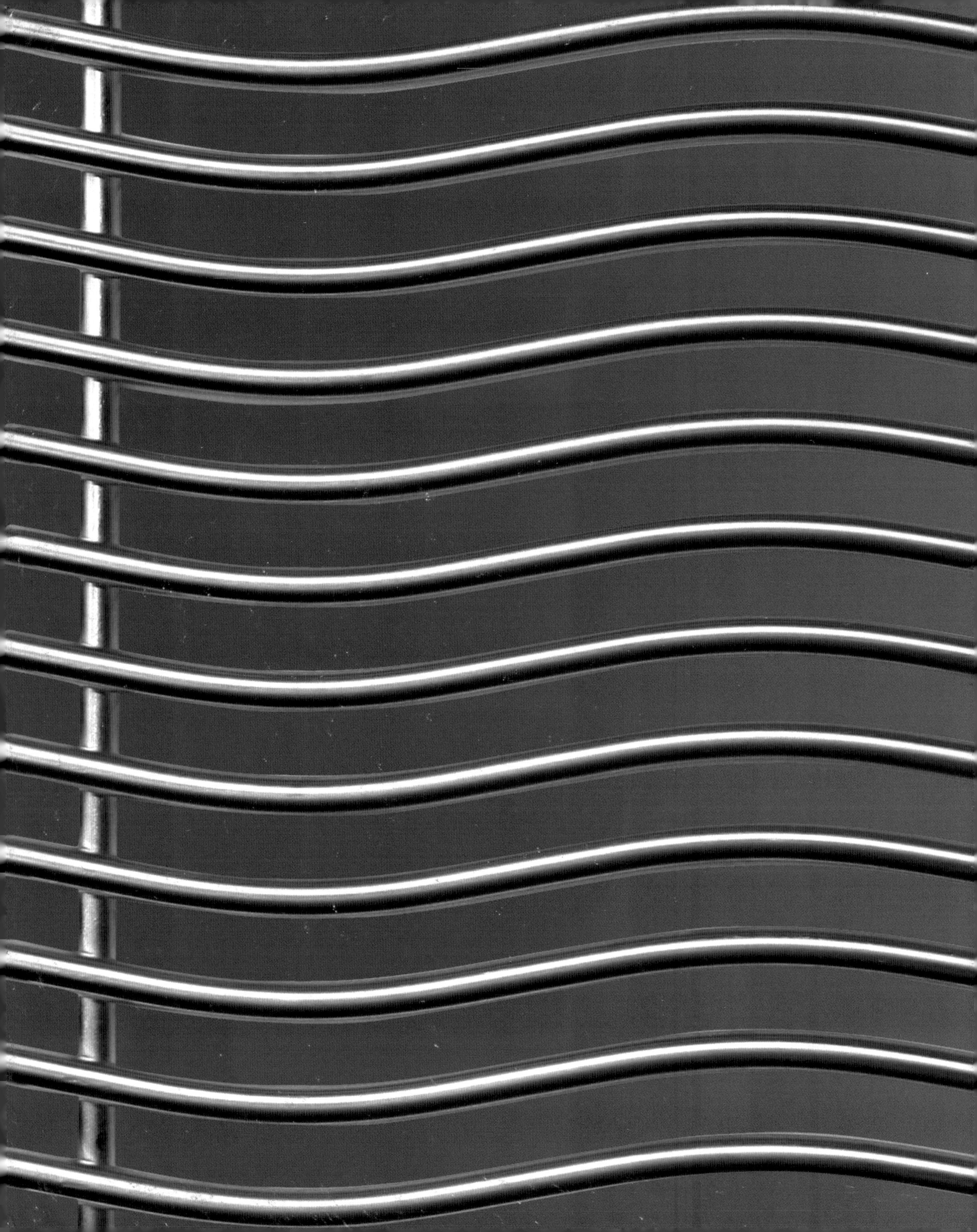